Shadowwalker – Schattengänger

von Anja Thieme

Langenscheidt

Berlin · Madrid · München · Warschau · Wien · Zürich

Lektorat: Gabriele Dietz
Englischsprachiges Lektorat: Charlotte Collins
Layout: Kathrin Mosandl
Illustrationen: Claudia Flor
Umschlaggestaltung: init.büro für gestaltung, Bielefeld
unter Verwendung einer Illustration von Claudia Flor

Für Marius und Lara

www.langenscheidt.de

Satz: kaltner verlagsmedien GmbH, Bobingen
Druck und Bindung: Stürtz GmbH, Würzburg

ISBN 978-3-468-20640-5

12010

Never **Go Off** with **Strangers**

Ellys roter Anorak leuchtete in der Frühlingssonne. Entsetzt starrte Patrick auf den Jackenärmel mit dem schwarzen Schmetterlingsmotiv.

"Mum **told me** yesterday", fügte Elly den furchtbaren Dingen, die sie gerade gesagt hatte, kühl hinzu. "It's **true**, Patrick."

"**Liar**!", schrie er, riss sich jäh von Ellys Hand los und rannte blindlings in die Menschenmenge hinein.

"Patrick! **Don't run away**!", schimpfte ihm Elly nach. Doch er wollte nur noch fort von ihr.

"Stop! **I'll lose** you in the **crowd**. Patrick! You'**ll get lost**! PATRICK!" Eine Karussellhupe verschluckte ihre Stimme.

Patrick rannte jetzt, so schnell er konnte. Knüffe und Schubser trafen ihn, er stolperte, doch es war ihm egal.

No! No! No! It can't be true. No!

---

go off geh mit
strangers Fremden
told hat erzählt
me mir
true wahr
liar Lügnerin
don't run lauf nicht
away weg
will lose werde verlieren
crowd Menge
will get lost wirst dich verlaufen

Er rannte an den vielen Menschen vorbei, Haken schlagend wie ein Hase, bis sein Atem brannte. Außer Puste blieb er stehen. Ein kleines Mädchen mit einem Sonnenluftballon lief an ihm vorbei und grinste ihn an. Auch die Frau neben ihr lächelte aufmunternd, genau wie Patricks Mutter. Plötzlich klopfte sein Herz wieder schneller.
"Take Elly's hand and stay with her! You'll get lost **otherwise**!", hatte seine Mum ihm eingeschärft. "We live in a very big **city** – we'**ll** never **find** you **again** if you get lost!" Er hatte nicht auf sie gehört! Sie würde böse auf ihn sein. Und Angst um ihn haben. Schnell drehte er sich um und versuchte, durch die vielen Leute auf dem Straßenfest nach seiner Schwester Ausschau zu halten.
"Elly? ELLY!"
Wo war die rote Jacke mit dem Schmetterling am Ärmel?
Patrick lief ein Stück in die Richtung, aus der er gekommen war. Das Gedränge wurde immer dichter und der Lärm der vielen Menschen und Fahrgeschäfte übertönte seine Stimme.
"Elly!", rief er noch einmal aus vollem Halse. Aber es nützte nichts.

---

otherwise sonst
city Stadt
will find werden finden
again wieder

"**Out** of my **way**, **kid**!", fuhr ihn da ein dicker Mann an, der wohl schnelleren Schrittes hinter ihm gegangen war.
Erschreckt wich Patrick zurück und drängte sich mit dem Rücken an eine Hauswand. Panisch tasteten seine Hände die Wand ab, fühlten eine Kante – er drehte sich um und schaute in eine schmale Lücke. Eine Gasse führte zwischen die Rückfronten der hohen Wohnhäuser. Dort sah es aus wie auf dem großen Hinterhof in ihrem Viertel. Patrick durfte dort fast jeden Nachmittag mit seinem Freund Danny spielen, weil Mum sie vom Fenster aus sehen konnte. Wenn sie nach Hause wollten, mussten die Jungen genau so einen schmalen Durchgang zwischen den Häusern benutzen und dann nur noch ein kleines Stück nach rechts laufen. Die Häuser dieses Viertels hatten alle mehrere Stockwerke und standen eng nebeneinander, aber an den Treppenaufgang von Patricks Elternhaus hatte seine Mutter einen Topf mit einer großen Margerite gestellt. Und die Haustür war grün lackiert und hatte einen Messingdrachen als Klopfer. Patrick dachte nach. Wenn er schnurstracks nach Hause ging und vor der Tür auf Elly wartete, würde Mum vielleicht nichts merken. Er wusste genau, dass Mum auch mit Elly schimpfen würde, weil sie auf ihn aufpassen sollte.

---

out aus
way Weg
kid Kind

Er lief in den Hof, entdeckte wirklich eine weitere Gasse und dahinter einen Bürgersteig. Er blieb stehen und sah nach rechts. Da! Da war eine Blume vor der Tür! Aber als Patrick näher kam, sah er, dass die Blume keine weißen Blüten hatte. Er lief weiter zur nächsten grünen Tür. Hier lagen alte Bretter und verrostete Stangen neben der Treppe. So unordentlich sah es bei ihnen nicht aus. Als Patrick bekümmert um die nächste Ecke schaute, erkannte er, dass die Häuserreihe schier endlos weiterging und ein Haus aussah wie das andere. Verwirrt blickte er sich um und lief weiter von Tür zu Tür. Er machte wieder kehrt, schaute in den nächsten Hof, die nächste Gasse, rannte den nächsten Bürgersteig entlang, einfach immer weiter.

Irgendwann blieb er keuchend stehen. Er hatte keine Ahnung, an welchem Haus er schon vorbeigekommen war und an welchem nicht.

"Hello?"

Da! War das nicht Ellys Stimme?

"Patrick? Come here! Please! Where are you? Patrick!", hallte es zwischen den Häusern. Doch, das war sie!

"Elly!", schrie er und begann sofort wieder zu rennen. Als er in den nächstbesten Hof stürmte, stieß er mit einer alten Frau zusammen. Ihre Einkaufstüte fiel auf den Boden und platzte auf. Die Frau schimpfte fürchterlich. Stolpernd hastete Patrick weiter, blindlings auf der gegenüberliegenden Seite wieder aus dem Hof hinaus.

Er stand an einer riesigen befahrenen Kreuzung. Der Lärm war ohrenbetäubend. Auch hier gab es die hohen

Backsteinhäuser, aber ihre Türen waren blau. Mutlos lauschte er, ob er die Stimme seiner Schwester noch einmal hörte, doch der Straßenlärm war viel zu laut.
Was sollte er tun? Er hatte Seitenstechen, seine Beine schmerzten. Nach Luft schnappend, ließ er sich auf die erstbesten Treppenstufen fallen.
"If you get lost, look for an **adult** and ask for the police. But never go off with strangers!", sagte Mum jedes Mal, wenn er zum Spielen nach unten ging. Patrick sah die Straße hinunter. Er kannte keinen einzigen der Passanten, hier waren nur Fremde!
I want to go ***home*** *!*, schrie etwas in ihm auf. Was sollte er nur tun? Verzweifelt verbarg er den Kopf zwischen den Knien und schon rannen ihm die Tränen übers Gesicht. Er schluchzte und schluchzte. Niemand bemerkte ihn oder schien sich zu wundern, dass er weinend auf der Treppe kauerte.
Plötzlich hörte Patrick ein Scharren und hob erschrocken den Kopf. Ein schwarzer, spitz zulaufender Stein schlitterte über das Pflaster aus dem Häuserschatten auf ihn zu.
"Pick up the stone and come **over** here!", rief eine Kinderstimme.
Patrick stand auf und spähte in den Schatten neben der Treppe. Dort stand eine schmale, dunkle Mädchen-

---

adult Erwachsenen
home nach Hause
over rüber

gestalt. Von der Größe her musste sie etwa in Ellys Alter sein. Ihre Züge, ihre Umrisse und ihr Haar waren dunkelgrau, ihr Körper wie mit schwarzem Stoff bezogen. Nur ihre hellgrauen Augen blitzten.

“You can **stop** crying now”, sagte sie heiter. “**Look** what I'**ve got** for you! **That's** a very **special** present. It's a **shadowstone**.”

Patrick stand auf, bückte sich und griff nach dem Stein.

“**Well done!**”, freute sich das Mädchen.

Patrick umschloss den Stein mit der Linken und wischte sich mit der anderen Hand über die Augen. Er mochte es einfach nicht, wenn jemand ihn weinen sah.

“That's better”, lobte sie ihn erneut. “And now, hold the stone **tightly** and **enter** the **shadowwalk**.” Sie bedeutete ihm, die Hand mit dem Stein zur Faust zu ballen, und wies auf den düsteren Schatten an den Häuserwänden. “Come on! Come and play with us!”

Patrick schluckte, damit das Schluchzen aufhörte. Dann sagte er: “Mum told me never to go off with strangers.”

---

stop aufhören
look schau
have got habe
that's das ist
special besonderes
shadowstone Schattenstein
Well done! Gut gemacht!
tightly fest
enter betritt
shadowwalk Schattengang

"She **means** adults", sagte das Mädchen leichtherzig. "We're **just** children."
Vorsichtig trat Patrick in den Schatten. Er fühlte sich plötzlich ganz leicht. Die kalte Klammer um sein Herz, der dicke Brocken in seiner Kehle und das Schluchzen waren fort. Erleichtert atmete er auf.
"**Do you feel** better now?", fragte das Mädchen und lächelte grau, als er nickte. Neugierig hob Patrick die Hand, um das Mädchen zu berühren. Doch im gleichen Augenblick als er seine Finger sah, zuckte er zurück. Sie waren genauso dunkel wie der Schatten! Er blickte auf seinen anderen Arm, auf seine Beine und Füße. Sie waren samtig und dunkel, genau wie die des Mädchens.
"**Scary**", fand er. Aber irgendwie fühlte es sich gar nicht angsteinflößend an. Alles, sein Körper, seine Gedanken und Gefühle, waren leicht und ruhig, die Welt rundherum kühl und dunkel. Es gab nichts Schlimmes hier im Schatten und keine Gefahren, das konnte er fühlen.
Die Gestalt eines dürren, großen Jungen glitt über die Häuserwand und blieb bei ihm und dem Schattenmädchen stehen. Seine Haare waren hellgraue, strubbelige Linien und er war deutlich größer als das Mädchen. Über seine aschfarbenen Züge huschte ein Grinsen, als er sich zu Patrick hinunterbeugte.

---

means meint
just nur
do you feel fühlst du dich
scary gruselig

"You'**ll get used to it**. It's great!", behauptete er mit seltsam kieksender Stimme. "This is **Fade**", fügte er hinzu und wies auf das Mädchen. "And my name is **Push**. Let us **show** you how to run in the **shadows**."
Der Junge hatte so ein lustiges Grinsen, dass sich Patrick, ohne zu wissen weshalb, einfach mitfreuen musste. Push beugte sich zu ihm vor. "We'**ll play tag**, **all right**? **I'm it**, okay? But you can't run in the **light**."
Patrick nickte beeindruckt. Das Lachen des Jungen schallte von den Häuserwänden, schwang hinauf und herunter, von diesem hohem Kieksen bis zu sanfter Tiefe. Auch das Schattenmädchen begann zu jubeln, drehte sich dann schnell zur Wand, verbarg seinen Kopf in den Armen und begann zu zählen.
"One, two, three, four ..."
Der Junge stellte sich neben sie und fiel ein: "... five, six, seven ..."
Patrick sah sich um und entfernte sich vorsichtig. Das Laufen im Schatten war überhaupt nicht anstrengend, fast kam es ihm vor, als würde er fliegen. Kein brennender Atem, kein Seitenstechen – völlig mühelos glitt

---

will get used to it wirst dich daran gewöhnen
'Fade' 'Verschwunden'
'Push' 'Schubser'
show zeigen
shadows Schatten
will play tag werden Fangen spielen
all right in Ordnung
I'm it. Ich bin dran.
light Licht

er dahin und schien mit jedem Schritt gleich mehrere Meter zurückzulegen. Als er sich nach vorn beugte, um noch schneller zu rennen, rauschte der Straßenzug in atemberaubender Geschwindigkeit an ihm vorüber. Häuser und Autos wurden zu farbigen Streifen. Das sah irre aus.

Bald schon ließ er die Häuser hinter sich, zog an einem Wald vorbei, dann über Felder, Höfe, Wiesen und erreichte eine breite, schnurgerade Straße. Patrick flog an ihrem schattigen Rand dahin – es wurde immer einfacher und machte unheimlich Spaß! Er schwenkte nach rechts und glitt an den vielen Autos vorbei, die sehr schnell fuhren. Doch Patrick überholte sie alle. Bald sah er Wasser glitzern. Das Meer! Wendig flitzte er an Strandpromenaden, an Molen, Schiffen und Kränen vorbei.

"There he is!", hörte er hinter sich die Schattenkinder rufen und bog pfeilschnell in einen breiten Tunnel, der neben großen Containern tief unter das Wasser führte. Die Decke oberhalb der Beleuchtung lag im Schatten und Patrick glitt in dem dunklen Bereichen neben den Leuchten entlang. Schließlich führte der Tunnel wieder hinauf. Die Sonne sank und Dunkelheit breitete sich wie eine Decke über das flache Land aus. Er flitzte in die nächste Ortschaft und blieb dort lachend in einer offenen Türe stehen, drückte sich an den Flurwänden eines Wohnhauses entlang, jagte eine dunkle Stiege hinunter und unter dem Spalt der Hintertür wieder aus dem Haus heraus.

"Yee-haa!", rief er, als er sich umsah. Keine Spur von den anderen dunklen Kindern – er hatte sie abgehängt! Die Sonne versank endgültig und Patricks Herz schlug schneller. Es war stockfinster. Ja! Jetzt konnte er überall hin. Eine breite Straße tat sich vor ihm auf und er flog ihren Rand entlang, folgte ihr Meile um Meile. Riesige blaue Schilder blitzten neben ihm auf und verschwanden.
"He's **really** fast!", jubelte da plötzlich die Stimme des Mädchens hinter ihm.
Sie kamen wieder näher! Patrick gab sich einen Ruck und verschwand im Wald neben der Straße. Er flog an Bäumen und zwischen Sträuchern entlang, einmal sogar über die Flanke eines großen Hirschs, der schlafend am Rand einer Lichtung stand.
Als er die Stimmen der anderen Schatten wieder hörte, dämmerte es schon. Er erreichte eine große Stadt. Vorsichtig schob er sich in die langen Häuserschatten, glitt elegant an einer Wand hinunter und schlüpfte in einen großen Durchlass, in dem soeben eine Glasfront zur Seite geschoben wurde. Sonne fiel in den Eingang und der Schattengang zu beiden Seiten der Geschäfte war so schmal, dass er balancieren musste. Gerade als der Weg breiter wurde und Patrick einen schnellen Schritt machen wollte, flammten tausende Lampen über ihm auf. Der Schatten war fort. Er schnappte nach Luft, stolperte und fiel auf die Knie ins Licht.

---

really wirklich

"**Damn!**", fluchte Fade. "He **fell out** of the **dark**!"
Push stieß ein verärgertes Schnauben aus.
Sie lehnten an der noch dunklen äußeren Mauer des Einkaufszentrums. "He **has to** come **back**", zischte das Mädchen. "Come back into the shadows, boy ... Take the stone in your hand!", rief sie Patrick zu.
"I told you – he's too young. He **doesn't realize** what we **did**", vermutete der Junge und zuckte die Achseln.
"But he's so sweet and **funny**", verteidigte sich Fade. "And so fast. It was fun **to chase** him!"
Vom Ende der Straße her glitt eine große, schmale graue Gestalt auf die beiden zu. Sie bewegte sich sicher und elegant durch die langen Schatten des frühen Morgens.
"Oh no, it's Frost", raunte der Schattenjunge dem Mädchen erschreckt zu. "He told us **not to come for** younger children, **remember**?"
"**Did he?**", fragte Fade gelangweilt und schaute schnell in die andere Richtung.

Damn! Verflucht!
fell out ist rausgefallen
dark Dunkel
has to muss
back zurück
doesn't realize begreift nicht
did gemacht haben
funny lustig
to chase nachzujagen
not to come for nicht zu nehmen
remember erinnerst du dich
Did he? Hat er das?

“**Don’t play the innocent.** You know he did! You’d better **think up** a good **excuse**.”
Der Schatten blieb vor den beiden stehen. Ein großer, ein bisschen gekrümmt wirkender, grauer Junge. Tatsächlich sah er sehr verärgert aus.
“Hello, Frost!”, rief das Mädchen betont beiläufig und winkte unschlüssig. “**How are you?**”
“What are you doing here? This is not your **territory**”, sagte der große Junge ärgerlich. “And why is the boy with you?”
“All our **playmates have gone**”, jammerte Fade. “**I’m bored**!”
Frost verzog die grauen Züge zu einem überheblichen Grinsen.
“Remember what I said?”, sagte er leise. Dann brüllte er: “I told you we would never come for children under ten years old!“
Push verneigte sich. “Yes, and you **were right**, **sir** ... but ...”
Frost warf ihm einen vernichtenden Blick zu. Push zog sofort die Schultern hoch.

Don’t play the innocent. Stell dich nicht dumm.
think up dir ausdenken
excuse Ausrede
How are you? Wie geht es dir?
territory Gebiet
playmates Spielkameraden
have gone sind weg
I’m bored. Ich langweile mich.
were right hattest recht
sir mein Herr

"You let Fade do **such stupid** things, Push! You **should** know better."
"But he was crying and crying", versuchte Push sich zu rechtfertigen. "You know we have to come – we have to help sad children." Er glitt auf Frost zu. "And he **was** so fast! Maybe **even** faster **than** you."
"Really?", fragte Frost argwöhnisch. Und wie zu sich selbst sagte er: "Jemand, der gegen mich laufen könnte ... Das wäre wirklich außerordentlich für so ein kleines Kind. Ausgesprochen interessant."
"What did he say?", fragte Fade mit großen Augen.
"How should I know? He's German, I'm not", gab Push knurrend zurück.
Ein Polizeiauto fuhr vor. Wenig später kehrte ein Polizist mit Patrick an der Hand zurück.
"He's gone!", sagte Fade traurig.
"All right. I have an idea. **Follow** me", sagte Frost und winkte die beiden zu sich.

---

such solche
stupid dummen
should solltest
was war
even sogar
than als
follow folgt

Lost

Patrick saß in einem Besuchersessel, in dem er fast versank. Ihm gegenüber auf dem Schreibtisch stand ein Schild und Patrick versuchte, aus den Buchstaben, die er schon kannte, ein Wort zusammenzusetzen.

A – dann kam ein Buchstabe, den er nicht kannte, danach N-O-L-D.

"An-old?", setze er die Laute langsam zusammen. Ein Alter? Patrick betrachtete das Schild so intensiv, dass der Polizeibeamte, dem der Schreibtisch gehörte, verstand, was er da versuchte.

"You can read?"

"My sister showed me the letters", antwortete Patrick.

"Clever boy. You**'ve** just **missed** one letter", sagte der Beamte freundlich. Er hatte ihm viele Fragen gestellt, manche auch mehrmals, und sie waren nicht leicht zu beantworten gewesen.

Wo er wohne? – In dem Haus mit der grünen Tür und dem Drachenklopfer.

Ob er wisse, wo er sei? – Auf einer Polizeistation?

Wie er hieße? – Patrick.

Und weiter? – Da hatte Patrick die Achseln gezuckt und den Polizisten hilflos angesehen. Der Beamte hatte keine Uniform an, sondern trug normale Kleidung, die

---

lost verloren
have missed hast übersehen

aber irgendwie wichtig aussah. Das machte der Schlips, hatte Dad mal gesagt, fiel Patrick ein.
“It’s my name on the sign. And it’s spelled A-r-nold. **Inspector** Arnold.” Arnold räusperte sich. “**Well**, Patrick, can you tell me how you **came** here? By train, by car, or by plane?”
Patrick konnte ihn gut verstehen, dennoch hörte sich Inspector Arnold anders an, als er es gewohnt war. Er sprach ein bisschen abgehackt und manchmal hielt er inne, so als würde ihm ein Wort fehlen. Seltsam.
“I **ran**”, sagte Patrick. “And **then** I was in the police car.”
“Yes, I know that. But how did you come to our **country**?”
“What do you mean?”, fragte Patrick verwirrt.
Arnold schrieb sich etwas auf und fragte dann: “**Before** we **found** you in the **shopping centre**, **were** you with your parents?”
“No, my sister and I were at the **street party**.”
“That’s nice. And what **happened** then?”

---

inspector Kommissar
well also
came gekommen bist
ran bin gelaufen
then dann
country Land
before bevor
found gefunden haben
shopping centre Einkaufszentrum
were warst
street party Straßenfest
happened ist passiert

"Elly told me **lies**. I was **upset**, and I ran away from her." Der Polizist hob die Brauen. Er sah misstrauisch aus. Schuldbewusst biss sich Patrick auf die Unterlippe und fügte schnell hinzu: "I looked for her – I **did try**, but I **couldn't** find her."

"Go on", sagte Inspector Arnold. "**Just** tell me what happened."

"Oh ... I **met some** children. A girl and a boy. We played tag."

"German children, were they?"

"What do you mean?"

Der Beamte seufzte und griff nach dem Telefonhörer. Patrick schloss die Augen. Er war erschöpft und plötzlich sehr traurig. Elly nannte ihn immer "**Crybaby**", wenn er weinte, und das mochte er ganz und gar nicht. Trotzdem musste er schlucken.

"Just take the stone in your hand", zischte Fade, doch weil Patrick nicht weinte und den Stein nicht in der Hand hatte, konnte er sie weder sehen noch hören. Neben Fade, Push und Frost stand ein weiteres Schattenkind. Frost nannte sie Schmerz. Anders als Fade, die

---

lies Lügen
upset wütend
did try habe es doch versucht
couldn't konnte nicht
just einfach
met habe getroffen
some einige
crybaby Heulsuse

stets hüpfte und zappelte, rührte sich Schmerz fast gar nicht. Starr und schweigend klammerte sie sich an seinen Arm, so als habe sie Angst, ihn zu verlieren.

"He's **quite brave**", sagte Push beeindruckt und seine Stimme kiekste wieder ein bisschen. Es wurde schlimmer, wenn er sich aufregte. Push legte den Kopf schief und sah sich Patrick genau an. Der Junge beobachtete jeden Handgriff des Polizisten, schien aber weder Angst zu haben, noch traurig zu sein.

"Noch ein Grund, ihn zu uns zu holen", murmelte Frost.

Eine junge Frau mit kurz geschnittenen, schwarzen Haaren betrat den Raum. Der Beamte nickte ihr zu, lächelte erleichtert und winkte sie heran. Währenddessen sagte er in den Telefonhörer: "Ich nehme an, dass der Junge durch irgendeinen Irrtum hierher geraten ist ... Nein, dass er ausgesetzt wurde, glaube ich nicht. Er hat ausgesagt, er habe seine Schwester bei einem Fest verloren; also wird er in Begleitung von Kindern gewesen sein. Ob das in seinem Heimatland oder schon hier passiert ist, konnte ich nicht herausfinden. ... Ja ... Ja, er spricht nur Englisch, nicht einmal einen Brocken Deutsch."

Er lauschte seinem Gesprächspartner und warf Patrick einen kurzen, abschätzenden Blick zu. "Nein, ganz und gar nicht vernachlässigt, im Gegenteil, er wirkt wie ein

---

quite ziemlich
brave tapfer

Kind aus einer ordentlichen Familie. Und er ist ... sehr vernünftig und klug für einen Vierjährigen."
Wieder wurde am anderen Ende der Leitung gesprochen und Kommissar Arnold nickte.
Die Frau mit den schwarzen Haaren ging zu Patrick hinüber und zog sich einen Stuhl heran, den sie genau neben seinen Sessel stellte. Sie lächelte Patrick an.
"What's he saying?", traute sich Patrick zu fragen. "Have they found Mum? Or Elly?"
Es klang ängstlich. Er hatte inzwischen begriffen, dass er nicht mehr in der Nähe seiner Familie war. Und Mum hatte ihm verboten, weiter weg zu gehen als auf den Hof, wenn er allein war. Ob er sehr weit weg von seinem Zuhause war? Dann würde sie sicher sehr mit ihm schimpfen.
"**Not yet, dear**", antwortete die Frau freundlich. Arnold telefonierte noch immer, und sie bemühte sich, leise zu sprechen, um nicht zu stören. "You're tired and hungry, **aren't you?**"
"Mr A-r-nold **gave** me **half a** sandwich."
Aber müde war er wirklich, ihm fielen fast die Augen zu.
"Are you a police officer too?"

---

not yet noch nicht
dear mein Lieber
aren't you? nicht wahr?
gave hat gegeben
half a ein halbes ...

Die Frau lächelte immer noch.
"No, I came here **to pick** you **up**. You're in a **foreign** country, you see", sagte sie.
Patrick erschrak. Ein fremdes Land?
"It **might be a while** before your Mum can come and **get** you, and you can't stay at the police station."
Patrick sah die Frau entsetzt an und ihr Ton wurde noch sanfter.
"**Would you like** to come with me?" Sie schlug sich vor die Stirn und lachte. "Oh, I **forgot** to tell you: my name is Heike. Can you say that?"
"Hay-ka!", versuchte es Patrick und sie mussten beide lachen.
Plötzlich kniff die junge Frau die Augen zusammen. Sie wies auf Patricks linkes Ohr.
"What's that?", fragte sie und deutete auf eine streichholzlange, dünne Blutkruste genau zwischen Patricks Ohr und Haaransatz. "**Did somebody hurt** you?"
"Well ... yes, my sister. But she **didn't mean to**. We were playing **hairdressers** yesterday, and the scissors **slipped**.

---

to pick ... up um ... abzuholen
foreign fremden
might be a while könnte eine Weile dauern
get holen
would you like möchtest du
forgot habe vergessen
did somebody hurt ... hat jemand ... wehgetan
didn't mean to wollte nicht
hairdressers Friseur
slipped ist ausgerutscht

Mum was angry, and Elly cried. But I didn't. It doesn't hurt."
"**So** you're a brave boy!"

"Well, that's true", flüsterte Frost den anderen zu. "He is brave."
"Why are you smiling?", fragte Push vorsichtig.
"The boy's clever. It's **a shame** he's so young", erwiderte Frost. Er lächelte seine Begleiterin an. "Er ist etwas Besonderes. So wie du, Schmerz, nicht wahr?"
Das Mädchen nickte nur.
"**What's the matter** with her? She's **as quiet as a mouse**", flüsterte Fade Push zu, doch Frost hatte es gehört. Er fuhr herum und zischte Fade an:
"She **keeps her mouth shut** when **nobody** wants to hear what she has to say. You be quiet too, and do as you're told! **Don't make me race** you!"
Push erschrak. Keiner der Schatten würde es wagen, gegen Frost zu laufen, doch sie mussten gehorchen, falls der Anführer sie herausforderte. Und wenn man verlor, konnte er einen aus dem Schatten verbannen und ins Licht stoßen!

---

so also
a shame schade
What's the matter? Was ist los?
as quiet as a mouse stumm wie ein Fisch
keeps her mouth shut hält ihren Mund
nobody keiner
don't make me zwing mich nicht dazu
race um die Wette zu rennen

"I could never win **against** you, sir", sagte Fade hastig. Ihre grauen Umrisse flackerten, so als zittere sie. "**Remember** – it's just a small **step** into the light", gab Frost zurück. "Light and dark are very **close together**."

"All right", sagte Heike zu Patrick und lächelte ihn an. "The police **have asked** me **to look after** you. I live at the SOS-Kinderdorf. It's **like** a small village for children who need help. Do you know what SOS **means**?"
"No", antwortete Patrick, "but it **sounds important**."
"That's right – it's very important. It's **'Save** Our **Souls'**, and it's used **as** an international **call for help**. Sometimes children **get into** situations where they need somebody to look after them. And I live with some children like that. They'll be happy if you come and live with us too. You can stay **until** your mum comes to get you."

---

against gegen
remember denkt dran
step Schritt
close together nah beieinander
have asked hat gebeten
to look after ... auf ... aufzupassen
like wie
means bedeutet
sounds klingt
important wichtig
save rettet
souls Seelen
as als
call for help Hilferuf
get into geraten in
until bis

Patrick schüttelte den Kopf. Das ging doch nicht! Wie sollte seine Mutter ihn dort finden?
"We have to tell Mum where I am. She's always **worrying** that something bad will happen to me or Elly." Patricks Herz schien einen Schlag lang stillzustehen. Er schnappte nach Luft und fragte ängstlich: "Has something bad happened?"
"A **bit**", meinte Heike tröstlich.
"It's my **fault**. Mum told me never to go off with strangers. And Elly **said** I'd get lost! I didn't do what I was told." Wieder musste Patrick die Tränen wegblinzeln.
"Patrick, it's okay. Don't worry – your mum will be very **glad** to hear you're all right, and that you're staying with people who are looking after you."
Patrick seufzte und schluckte wieder. Er sah in das freundliche Gesicht der Frau, nickte und versuchte sogar zu lächeln.

"Er soll in ein Kinderheim", sagte Frost zu dem Mädchen an seiner Seite und übersetzte dann für Fade und Push: "She's **taking** him to an **orphanage**."
Sie hielten sich neben einem großen Aktenschrank verborgen, der einen langen Schatten auf den Boden

---

is worrying macht sich Sorgen
bit bisschen
fault Schuld
said hat gesagt
glad froh
is taking bringt
orphanage Kinderheim

warf. Und tatsächlich, wenige Minuten später unterschrieb die junge Frau ein Formular, half Patrick in seine Jacke und führte ihn hinaus.
"Go with him", zischte Frost Fade zu, die nickte und sofort hinter den beiden her glitt.
Inspektor Arnold war jetzt allein im Raum. Er telefonierte.
"What's he doing now?" fragte Push, doch Frost brachte ihn mit einer grimmigen Geste zum Schweigen. Er wollte zuhören.
"Yes, I'**ll send** you a fax", kündigte Arnold an. "I'm **sure** his parents **will report** him **missing**. The police are **probably already** looking for him ... Yes, I **hope** so." Der Beamte hörte zu, was sein Gesprächspartner sagte, und fügte noch hinzu: "Okay, you'll get the fax in the next **few** minutes ... Goodbye", seufzte und legte auf. Dann rückte er sich die Tastatur seines PCs zurecht.
"Look", sagte Frost prompt. "Now he'**s filling in** a **form**. We **need to get** Schmerz to **change** it."

---

will send werde schicken
sure sicher
will report werden melden
missing als vermisst
probably wahrscheinlich
already schon
hope hoffe
few paar
is filling in füllt aus
form Formular
need to get müssen dazu bringen
change ändern

“What does that mean? Tsmeartz?”, fragte Push.
“Pain”, übersetzte Frost ungnädig.
Der Drucker begann zu surren und schon stand Arnold auf, zog ein Blatt aus dem Gerät und legte es ins Faxgerät ein, drückte ein paar Zahlen und einen roten Knopf. Doch nicht das typische Piepsen des Faxes war zu hören, sondern ein Besetztzeichen. Verärgert stöhnte der Beamte und sah auf die Uhr. Es war kurz vor zwölf Uhr mittags.
“Georg”, rief der Kommissar zu einem Kollegen im Nebenzimmer hinüber. “Ich geh mal schnell was zu essen holen. Hier liegt was auf dem Fax, kannst du nachsehen, ob es durchgeht und mir den Bericht auf den Schreibtisch legen? Da ist im Moment besetzt.”
“Ja, mach ich”, antwortete der Beamte nebenan.
“Das läuft besser, als ich gehofft hatte. Ich wollte ein Schreiben hinterherschicken, dass die Formulare verwechselt wurden. Aber so ist es noch einfacher”, sagte Frost zu seiner Begleiterin. Die nickte, auch diesmal wieder auf eine matte und ergebene Weise. Kaum war der Inspektor hinausgegangen, schob Frost das Mädchen sanft aus dem Schatten.
“Und jetzt?”, fragte Schmerz weinerlich. Nun, in ihrer normalen Gestalt und im Licht, konnte man sehen, dass ihre Kleidungsstücke schmutzig, zu eng und abgetragen waren. Unter ihren wasserblauen Augen waren Ränder, als habe sie nächtelang nicht geschlafen, und ihre Arme und Handgelenke zeigten viele blaue Flecke. Sie war auf eine ungesunde Weise mollig und blass.

“Lösch das Licht”, befahl Frost.
Das Mädchen drückte auf den Schalter und schob vorsichtig die Tür ins Schloss. Durch die heruntergelassenen Jalousien des Büros drang zwar Sonnenlicht, aber es fiel nur an die Stirnwand, der Boden des Raumes lag jetzt vollständig im Schatten. So konnten sie sich beinahe frei bewegen.
“Hol das Blatt aus dem Faxgerät. Und dann schau auf den Bildschirm”, befahl Frost. “Der Vordruck ist noch geöffnet. Wir ändern ihn.” Er stellte sich hinter das Mädchen, das sich gehorsam auf den Bürostuhl setzte. Auch Push glitt herbei und schaute aufmerksam zu. Frost unterdrückte ein stolzes Lächeln, es gefiel ihm, dass Push ihn augenscheinlich bewunderte.
“So! Beweg den Cursor auf das Feld ‘Name’. Siehst du es? Da oben! Schreib hin: David.”
“Wie schreibt man das?”, flüsterte das Mädchen mit angsterfüllter Stimme.
“D-A-V-I-D. Und nun der Nachname: M-I-L-L-E-R. Jetzt klick in das Feld ‘Größe’, da wo der Beamte 112 cm hingeschrieben hat. Stattdessen schreib 140 cm.”
Das Mädchen nickte und ihre Miene hellte sich auf. Sie hatte begriffen, worum es ging. Sie drehte sich zu Frost um und sah ihn an.
“Hast du das Foto von deinem Bruder dabei?”, fragte er.
“Ja. Ich ... ich glaube, ich verstehe, was du vorhast. Wir geben einfach die Beschreibung meines Bruders weiter und den kennen die Engländer ja nicht! Also kann ich bei Haarfarbe blond schreiben und bei der Kleidung

schreibe ich auch andere Farben hin, richtig? Und bei Augenfarbe braun? Aber darf ich das denn?"
Frost nickte ihr ernst aus dem Schatten zu und machte eine auffordernde Handbewegung in Richtung des Computermonitors.
"Schmerz, du darfst das nicht nur, du musst es tun. Sonst wird der kleine Junge, den wir retten wollen, bestimmt geschlagen. So wie du. Und du weißt ja, wie weh das tut." Frost war sich sicher, dass seine Worte ihre Wirkung nicht verfehlten. Er hatte das Mädchen erst wenige Tage zuvor in einem Keller entdeckt, in den ihre Mutter sie eingesperrt hatte. Und das nur, weil sie ihre Schultasche nicht an den richtigen Platz gestellt hatte. Zwar hatte Schmerz geweint, aber sie war es gewöhnt, dass man sie für solche Kleinigkeiten schlug oder einsperrte. So waren Erwachsene eben, sie konnten mit ihren Kindern machen, was ihnen gerade in den Sinn kam.
Das Mädchen errötete ein bisschen, nickte, um sich Mut zu machen, klemmte die Zunge zwischen die Zähne und änderte Eintrag um Eintrag.
"Jetzt klick auf 'Drucken' und dann musst du es nur noch faxen und in den Reißwolf stecken. Wenn der Computer fragt, ob du die Änderungen speichern willst, klickst du einfach auf Nein."
"Ich weiß, wie man faxt. Das habe ich schon mal gemacht. Man muss am Faxgerät die Telefonnummer wählen. Sicher ist es die, die der Polizist hier hinten auf das Blatt geschrieben hat." Schon legte sie sorgsam und

ordentlich das Blatt zur Seite und auf Frosts Nicken hin tippte sie die Nummer ein.
"Du machst das sehr, sehr gut, Schmerz", lobte Frost. Sicher hatte sich das Mädchen schon immer bemüht, so brav wie möglich zu sein und alles richtig zu machen, um den Schlägen ihrer Mutter zu entgehen. Vom Gang hörte man ein Türklappern. Auf Frosts kurzes Kommando "Go and look" flitzte Push unter der Tür durch und vergewisserte sich, dass der Kollege im Nebenzimmer nicht auf dem Weg zu ihnen war. Er kehrte zurück und hielt einen Daumen in die Höhe.
"He's **on the phone**."
Wunderbar, freute sich Frost. Es lief alles wie am Schnürchen.
Wenig später war das Fax an Interpol geschickt und das Mädchen steckte das gefälschte Formular in den Reißwolf. Das korrekt ausgefüllte Blatt legte sie umgekehrt auf die Faxausgabe und den Sendebericht darüber. Zufrieden sahen die Schattengänger zu.
"That's great!", rief Push. "The inspector will think that the form **has gone through**. And the lost boy **won't** be found. He'll stay sad, and he'll cry, and he'll see us through his tears. And then we can talk to him again." Push glitt vor lauter Begeisterung wieder und wieder die dunklen Streifen der Jalousienschatten ent-

---

on the phone am Telefon
has gone through ist durchgegangen
won't wird nicht

lang, immer schneller und schneller von Wand zu Wand, so als führe er Karussell.
“That’s what I’m hoping”, sagte Frost streng, gerade als sich Schmerz anschickte, zurück in die Finsternis zu kommen. “Stop **fooling around**, Push! You’re making me **dizzy**!”
Schmerz konnte offensichtlich nicht genug Englisch, um zu verstehen, nahm aber Frosts herrischen Unterton sofort ernst und wandte sich erschreckt zu ihm um.
“Habe ich etwas falsch gemacht?”
Frost schüttelte langsam den Kopf. “Oh, nein. Du hast dem Jungen sehr geholfen.”
“Dann darf ich für immer bei euch bleiben? Wie du es mir versprochen hast?”
“Natürlich, Schmerz. Ich breche mein Wort niemals.”
“Das ist gut”, sagte sie erleichtert und trat vollständig in den Schatten. “Im Licht tut alles so weh!”
“Well”, sagte Frost, an Push gewandt. “I’m sure the boy will cry very **soon**. We just have to wait.”

Während der nächsten Wochen sahen Fade und Push Patrick aus jeder schattigen Ecke zu: Während Heike ihm sein Zimmer zeigte und ihn allen anderen Kindern vorstellte; als er sich in der ersten Nacht noch eine ganze Weile herumwarf, bis er einschlafen konnte. Und

---

fooling around herumzualbern
dizzy schwindelig
soon bald

dann sahen sie ihn basteln, beim Kochen und Aufräumen helfen, beobachteten, wie er sich nach und nach mit den anderen Kindern anfreundete. Sie hofften, er würde weinen, wenn Heike den Kopf schüttelte, wenn er nach seiner Mutter fragte, oder heimlich im Bett, wenn er allein war. Aber er tat es nicht. Auch den schwarzen Stein holte er nicht mehr hervor. So verging ein Tag nach dem nächsten. Als Patrick schon mehrere Monate im Kinderdorf war und nicht einmal weinte, wenn er hinfiel oder Streit mit den anderen hatte, wandten sich die beiden an Frost, der sie brummend nach Hause entließ und sich wieder um Schmerz kümmerte. Eines Tages würde schon jemand kommen und gegen ihn um die Herrschaft laufen. Da war er sich völlig sicher.
"When he uses it, the stone **will call** you", sagte er. "You will come for him, and you **will let** me **know immediately**. **Understood**?"
Die beiden nickte ergeben und standen nur wenig später im Schatten der letzten Abendsonne und schauten nach Norden, wo ihre Heimat lag.
"Let's play tag on the way home", forderte Fade und Push nickte, so wie meistens, wenn sie etwas von ihm wollte. "I'm bored."

---

will call wird rufen
will let ... know werdet ... Bescheid sagen
immediately sofort
understood verstanden

Elly stand am Empfangstresen des Polizeireviers und schluchzte. Es war das erste Mal, dass Inspector Nelson sie weinen sah, sie war ihm bisher immer vernünftig und ruhig vorgekommen. Anscheinend hatte ihre Mutter ihr erzählt, dass nicht mehr nach ihrem Bruder gesucht werden würde, und sie war schnurstracks nach der Schule hergekommen, weil sie es nicht glauben konnte.
"You've really stopped looking? But you're the police, aren't you? You **must** find my brother. You must!"
Ein Jahr war vergangen, seit Patrick Gardner verschwunden war. Inspector Nelson sah hilflos auf die breite Kunststofftheke und biss sich auf die Unterlippe. Ganz gleich, was die Londoner Polizei an Spuren gefunden hatte, alles war im Sande verlaufen. Die Umstände von Patricks Verschwinden kamen Nelson noch immer mysteriös vor und er hatte alles versucht, um diesen Fall zu lösen. Wenn Patrick älter gewesen wäre, hätte er vielleicht geglaubt, dass er ausgerissen war und sich versteckte. Aber Kinder in diesem Alter fielen Erwachsenen irgendwann auf, weil sie verzweifelt weinten, nach ihrer Mutter riefen, nach dem Weg fragten oder irgendwann etwas zu essen stahlen. Inspector Nelson war alle Möglichkeiten hunderte Male durchgegangen. Wäre Patrick verletzt worden, hätten die Nachfragen in den Krankenhäusern und bei Ärzten etwas erbringen müssen. Und wäre der Junge in die Themse gefallen oder bei einem Unfall ums Leben gekommen, hätte man

---

must müssen

irgendwann seine Leiche entdeckt. Außer dass jemand Patrick, sofort nachdem er sich von Elly losgerissen hatte, irgendwohin mitgenommen hatte, wo er seitdem gefangen gehalten wurde, gab es keine Erklärung. Weil der Junge so klein war, hatte eine ganze Polizeitruppe gleich nach dem ersten Anruf von Patricks Mutter das ganze Viertel abgesucht. Aber es war, als hätte sich das Pflaster aufgetan und den Jungen einfach verschluckt. Nelson betrachtete Ellys verweintes Gesicht – wie furchtbar es für das Mädchen sein musste, dass sie schuld am Verschwinden ihres Bruders sein sollte.
"We'**ve done** our **best**, little Elly", sagte er tonlos. "We really have."

have done haben getan
best Bestes

After Dark

Sieben Jahre später

Paaatrrick!"

Seine hellen Augen blitzten das Mädchen an, das auf ihn zu rannte. Dass Maja es immer noch nicht besser wusste! Er hasste es, wenn jemand seinen Namen falsch aussprach. So wie sie es machte, mit einem deutschen A in der Mitte, war es besonders furchtbar. Fast alle Deutschen knurrten obendrein das R. "Pätt-rrikk" kam bestenfalls dabei heraus. Richtig war es mit einem schönen, weichen T- und R-Laut in der Mitte. Außerdem hatte Maja wieder diesen herrischen Ton, den er überhaupt nicht mochte. Er war gerade dabei, die Spielgeräte vor dem Regen zu retten, knallte nun den Verschlag im Garten zu, verzog das Gesicht und strich sich seufzend seine dunkelbraunen Haare unter die Kapuze zurück. "Sie hat keine andere Art kennengelernt, mit anderen zu reden. So wird es wohl bei ihr zu Hause zugegangen sein", hatte Heike ihm erklärt. "Hab ein bisschen Geduld mit ihr." Das nasse Gras klatschte an Majas nackte Beine, und sie rannte geduckt, als gäbe es eine Chance, so dem Regen zu entgehen.

"Du sollst zu Heike kommen. Sofort!", blaffte sie ihn an, als sie ihn erreichte.

"Das hat sie nie im Leben so gesagt", erwiderte Patrick ungnädig. Er war eigentlich immer nett zu allen, aber

bei Maja nützte das überhaupt nichts. Sie verstand tatsächlich nur klare Ansagen. Unhöflich zu sein ging ihm allerdings mächtig gegen den Strich und so setzte er noch ernst hinzu: “Sie weiß, dass ich draußen bin, um die Sachen unterzustellen, sie hat mich doch selbst darum gebeten. So wie ich sie kenne, hat sie dich höchstens nett gefragt, ob du mich so schnell es geht holen kannst, oder?”
Maja zuckte die Achseln und schnaubte verächtlich. Sie zwinkerte ein bisschen, weil ihr Wasser aus den nassen Haaren über die Stirn lief, und zitterte am ganzen Körper. Patrick schüttelte abermals genervt den Kopf.
“Nur zu deiner Information: Es regnet! Schon gemerkt? Warum hast du denn keinen Schirm mitgenommen? Da stehen immer welche neben der Tür.”
Wieder tat das Mädchen seine Worte mit einer uninteressierten Geste ab. Patrick zog seine Jacke aus und hielt sie ihr hin. “Mann, Maja. Dauernd muss irgendeiner auf dich aufpassen! Mach das doch mal selber!”
Sie sah ihn an, als hätte es gedonnert.
Als Patrick in den Flur trat, von dem die Zimmer abgingen, kauerte auf der weißen Holzbank an der Wand ein dünnes, rothaariges Mädchen. Neben ihr standen zwei Koffer und eine große Reisetasche. An ihrer Seite saß die Hausmutter des Haupthauses. Eine Neue? Das Mädchen sah zu ihm auf und Patrick lächelte sie unwillkürlich an. Sie hatte schöne grasgrüne Augen, sah aber traurig und blass aus. Irgendwo hatte Patrick sie schon mal gesehen. Vielleicht in der Schule?

“Hallo!”, sagte Patrick, so heiter er konnte.
“Hallo!”, flüsterte das Mädchen und sah schnell wieder weg.

Heike stand mit dem Rücken zu ihm in ihrem Büro und goss ihre große Birkenfeige. Patrick musste noch immer über die wechselnden Farben ihrer Strubbelfrisur grinsen. Jedes Mal, wenn sie zum Friseur ging, waren alle Kinder des Sonnenhauses gespannt, was sie sich Neues ausgedacht hatte. Im Moment hatte sie einen langen Scheitel und die Strähnen, die von ihm abgingen, waren abwechselnd schwarz und burgunderrot gefärbt. Als sie sich zu ihm umdrehte, lächelte sie freundlich wie immer, aber sie klang sehr ernst.
“Wir haben einen Neuzugang.”
“Habe ich gesehen. Sie sieht ziemlich verzweifelt aus.” Heike wies mit dem Kopf auf den Besprechungstisch am Fenster und sie setzten sich.
“Sie ist total geschockt”, erklärte Heike. “Als sie gestern von der Schule nach Hause gekommen ist, wartete schon die Polizei vor der Tür. Ihre Mutter hatte einen schweren Unfall und liegt im Koma. Einen Vater hat sie nicht und auch keine Verwandten in der Nähe.”
“Na klasse”, sagte Patrick betroffen. “Kein Wunder, dass sie jetzt Angst hat und todtraurig ist.” Heike nickte.
“Das neue Schuljahr hat ja gerade angefangen und sie geht in eure Schule, deshalb ist sie hierher gekommen. Sie heißt Lena und ist eine Klasse unter dir.” Dann hatte er sie also wirklich schon gesehen! Heike bekam

einen bittenden Gesichtsausdruck. Er grinste, denn er kannte die Frage, die sie ihm stellen würde. Und sie die Antwort.
"Why me?", fragte er also nur lachend und sofort lachte Heike mit. Sie sprachen oft zum Spaß Englisch, Heike meinte, so bliebe sie auch in Übung.
"Because you're the best", antwortete sie.
"All right, I'll do it."
Heike wartete eine Weile, dann beugte sie sich mit einem verschwörerischen Grinsen zu ihm vor.
"**Go on**!", forderte sie ihn auf. "I'm waiting ... Say it!"
Patrick lächelte verlegen. Jedes Mal wenn Heike ihn darum bat, jemandem beim Eingewöhnen zu helfen, sagte er den gleichen Satz.
"Ich mach's. Aber nur so lange, bis ich nach Hause gehe."
Heike hob eine Braue. "Du gibst doch die Hoffnung nicht auf, oder?"
Energisch schüttelte Patrick den Kopf.
"Nein. Du hast damals gesagt, ich soll fest daran glauben, dass ich irgendwann nach Hause komme. Das habe ich mir gut gemerkt."
"Richtig", sagte sie, während Patrick aufstand, um zu Lena zu gehen. Plötzlich hielt er inne und drehte sich im Türrahmen um.
"Ihre Mutter – wird sie sterben?"
"Vielleicht", antwortete Heike ernst.

Go on. Mach schon.

Patrick nickte. So oder schlimmer waren die Geschichten der Kinder hier meistens. Alle hatten Furchtbares hinter sich – ihre Eltern waren fortgelaufen, schwer krank oder gestorben. Oder sie hatten sich nie richtig um ihre Kinder gekümmert, sodass das Jugendamt hatte einschreiten müssen. Er erinnerte sich genau daran, dass seine Familie gut zu ihm gewesen war.
“So, dann werden wir mal unsere Arbeit machen”, riss Heike Patrick aus seinen Gedanken. “Sag der Hausmutter bitte, dass sie rübergehen kann und wir jetzt so weit sind, dass wir Lena ein Zimmer geben können, ja?”
Patrick nickte und trat auf den Flur. Das Mädchen hob erschreckt den Kopf, als die Türe aufschwang. Ihre runden, grünen Augen sahen riesig aus.
“Keine Panik”, sagte Patrik, ging langsam zu ihr hinüber, richtete der Hausmutter aus, was Heike gesagt hatte, und fügte an das Mädchen gewandt hinzu: “Ich bin Patrick. Wie heißt du?”
“Lena”, flüsterte sie.
“Schöner Name”, fand Patrick, aber das Lächeln, das er sich erhofft hatte, blieb aus. Das wunderte ihn nicht. Es dauerte oft sehr lange, bis die Kinder, die herkamen, “auftauten”, wie Heike das nannte.
“Unsere Wohngruppenleiterin kommt gleich und zeigt dir dein Zimmer”, redete er also weiter. “Aber wenn du irgendwas wissen willst, zum Beispiel wann wir essen, wo das Bad ist, wann der Bus zur Schule fährt oder wenn du nach draußen möchtest, um dir den Hof und den Garten anzusehen, brauchst du nicht jedes Mal zu

ihr zu rennen. Dann kommst du einfach zu mir, ja? Ich bin eine halbe Ewigkeit hier und weiß ziemlich genau Bescheid."

Das Mädchen nickte zustimmend; sie schien wenigstens ein bisschen erleichtert zu sein, dass sich jemand Gleichaltriges um sie kümmerte.

Patrick wies den Flur entlang. "Ich wohne da hinten, hinter der grünen Tür. Ich glaube, du kriegst das Zimmer mit der gelben, gleich nebenan. Das ist frei."

Sie sah ihn an und lächelte schief. "Danke", sagte sie, wieder mit dieser kaum hörbaren Stimme.

"Kommst du rüber, wenn du ausgepackt hast? Dann führe ich dich rum."

Wieder nickte sie schnell. In diesem Augenblick ging Heikes Bürotür auf. Die Gruppenleiterin zwinkerte Patrick zu und er wusste, dass er sich nun besser im Hintergrund hielt, damit Lena Gelegenheit hatte, Heike kennenzulernen.

"Okay, dann gehe ich jetzt Hausaufgaben machen. Bis später."

"Bis später, Patrick", sagte Lena.

Patrick musste lächeln. Sie hatte seinen Namen richtig ausgesprochen.

"Eng: Vokabeln lernen", stand in seinem Hausaufgabenheft. Er fragte sich seufzend, warum er sich das eigentlich aufschrieb. Es war ganz gut, dass er gelernt hatte, wie seine Muttersprache geschrieben wurde und warum eigentlich ein Satz so gebaut wurde, wie er es unwillkürlich machte, aber das Englische war einfach irgendwo in seinem Kopf. Er las einen Text, verstand ihn, und das war es auch schon. Ein weiterer Blick in sein Hausaufgabenheft und noch ein Seufzen. Mathe und Erdkunde. Das musste er leider pauken, wie jeder andere auch.

Gerade als er zwei Winkel gemessen hatte, klopfte es. Gero stand in der Tür, ein rundlicher Junge, der mit Patrick gemeinsam in die sechste Klasse der Gesamtschule ging. Er war schon seit einem Jahr im Sonnenhaus und hatte sich gut eingewöhnt. Meistens hatte er gute Laune, Kummer merkte man ihm nur an, weil er dann begann, dreimal so viel wie sonst zu essen. Darüber regte sich Maja dauernd auf und behauptete, er fräße den anderen heimlich alles weg. Dann flogen zwischen den beiden oft richtig die Fetzen, bis Patrick oder Heike dazwischengingen.

“Hörst du mir die ***irregular verbs*** ab?”

Das kannte Patrick schon. Gero glaubte immer, dass es mit einmal Durchlesen getan sei. Er war, bevor er ins Sonnenhaus kam, fast immer alleine zu Hause gewesen und es nicht gewöhnt, dass irgendjemand sich darum kümmerte, ob er seine Hausaufgaben ordentlich machte.

“Hast du sie denn schon gelernt?”, fragte Patrick deshalb argwöhnisch.

“Nö. Aber angeguckt.”

---

irregular unregelmäßigen
verbs Verben

"Ach, Gero – das nützt doch nichts. Die muss man pauken! Herr Winters hat doch heute erklärt, wie es am einfachsten geht. Sag das vor dich hin wie ein Gedicht, bis du es auswendig kannst. Du weißt schon: to bring, brought, brought, to think, thought, thought ... Ich höre sie dir nach dem Abendessen ab."
"Dass du sie kannst, war mir klar", murrte Gero und zog wieder ab.
"Kannst du Mathe?", rief Patrick ihm noch nach.
"Nö – frag Maja! Die ist hier das Zahlengenie." Tatsächlich hatte Maja einen untrüglichen Sinn fürs Rechnen. Clever war sie ohnehin, sie hatte inzwischen richtig gute Noten. Aber sie um etwas bitten, das wollte er nun wirklich nicht, dann musste er sich eine halbe Stunde lang ihre Pampigkeiten anhören. Dann lieber eine Vier schreiben. So wie immer. Gerade als er Zirkel und Geodreieck wieder aufnahm, klopfte es abermals. Er hatte vergessen, das *Ruhe!*-Schild an die Tür zu hängen. Ach nein, er hatte es absichtlich nicht hingehängt, weil er ja der Neuen alles zeigen sollte. Lena. Sie war irgendwie nett – normaler als die anderen.
"Ja?", rief er.
Aber es war nicht Lena, sondern Toto, der eigentlich Tobias hieß. Er war knapp elf, benahm sich aber immer, als wäre er erst acht. Am auffälligsten war die Angewohnheit, immer eine seiner blonden Haarsträhnen zu zwirbeln, und er nuschelte obendrein furchtbar. Neuerdings fuhr Heike aber einmal in der Woche mit Toto zu einer Sprachtherapeutin, die ihm schon ein wenig hatte

helfen können. Manchmal zuckte er trotzdem zusammen, wenn man ihn plötzlich ansprach; wenn er dann versuchte zu sprechen, wurde es besonders schlimm. Eigentlich war er aber sehr freundlich, manchmal sogar auf eine ansteckende, sonnige Weise fröhlich. Das mochte Patrick sehr an Toto und behandelte ihn deshalb immer besonders nett.

"Wir schollen auschmischten." Toto stellte eine grüne Klappbox neben Patricks Bett.

"What?", fragte Patrick verdutzt. Wenn er nicht wusste, worum es ging, oder schnell antworten musste, sprach er automatisch englisch.

Toto konzentrierte sich sichtbar und sagte: "Ausssmischten!"

"Ausmisten?", fragte Patrick nach.

Toto nickte hektisch und die Haarsträhne flutschte noch aufgeregter durch seine Finger.

"Okay, mach ich", anwortete Patrick.

Toto ließ seine Haare los, grinste ein bisschen und trollte sich.

Patrick sah sich in seinem Zimmer um. Aufräumen war nicht gerade sein Lieblingssport. Aber ab und zu mussten alle Kinder ihre Schränke, Schubfächer und Schulranzen leeren und abgeben, was sie nicht mehr brauchten. Auch Kleidungsstücke, die zu klein geworden waren und die vielleicht einem jüngeren Kind passten. Oder es fanden sich Spielsachen wieder, die man sich aus dem Gemeinschaftsraum geholt und noch nicht zurückgebracht hatte.

Patrick war ein besonderer Experte im Horten und er gruselte sich jedes Mal vor dem Ausmisten. Da machte er wirklich lieber Mathe! Seufzend sah er aus dem Fenster. Das Wetter war heute wechselhaft, die Wolken wurden von starkem Wind getrieben und ab und zu blitzten blauer Himmel und Sonne durch. Immer wenn das Licht durch den verhangenen Himmel brach, warf der große Fensterrahmen einen kreuzförmigen, breiten Schatten auf den Fußboden.
Patrick gab sich einen Ruck. Am besten erledigte er das Aussortieren sofort, dann hatte er es hinter sich. Er kniete sich vor seinen Schrank und zog eine große Schachtel mit Deckel hervor. Dahinter lagen ein Schal und ein paar alte Handschuhe. Das konnte schon mal in die Kiste. Seufzend nahm er die gefalteten Sachen aus dem Schrank, legte sie auf sein Bett, um sie durchzusehen, und tat sich ordentlich leid. Hinter seinen Pullis entdeckte er aber prompt zwei Federballschläger und einige Federbälle – ach, da waren die! Peinlich ... Gero und Maja hatten ihn erst vor ein paar Tagen danach gefragt. Er förderte noch zwei Paar Fußballstulpen zu Tage, ein Hemd, dessen dunkelbraunen Kragen er nicht leiden konnte, und eine fast neue, schwarze Jacke, die er wehmütig in die Kiste packte – es nützte nichts, sie war ihm schlicht zu klein geworden. Die Kiste mit dem Deckel, auf dem "Patrick" stand, räumte er sonst immer einfach wieder in den Schrank, ohne einen Blick hineinzuwerfen, weil nur die Sachen darin waren, die er angehabt hatte, als er hier ankam. Es wäre zu

schmerzhaft gewesen. Sie waren, von Heikes Weihnachts- und Geburtstagsgeschenken abgesehen und ein paar Spielsachen, die er sich von seinem mageren Taschengeld geleistet hatte, sein einziger, echter Besitz. Doch diesmal gab er dem Drang nach, sie noch einmal anzusehen. Er holte ein knallrotes Halstuch, eine dunkelbraune, weiche Jeans und ein paar augenscheinlich fast neue Turnschuhe heraus. Der Pullover stammte von einer teuren Kindermodenfirma. Die Jacke war armeegrün und hatte viele Taschen. Aus der oberen, linken Brusttasche lugte ein kleines Stückchen hellbrauner Plüsch. Ein weicher, daumenlanger Hase kam zum Vorschein, als Patrick daran zupfte. Ach, da war der ... Er hatte ihn vor zwei Jahren mit anderen Stofftieren von seinem Regal geräumt, weil er langsam zu alt für sie wurde. Heike hatte ihm geraten, ihn bei seinen alten Sachen aufzubewahren, damit er ihn nicht verlor.
Sofort war da wieder dieses Bild vor seinen Augen. *Seine Schwester lief vor ihm einen Flur entlang, ihr dunkler Pferdeschwanz schwang hin und her und sie hielt den Hasen hoch über ihren Kopf. "Get it, if you ca-han", spottete sie. "Get it, if you can!"*
"Elly!", hatte er gerufen und war ihr durch die ganze Wohnung nachgerannt.
Irgendwann hatte sie sich fangen lassen, ihm den Hasen wiedergegeben und ihn gedrückt, dann gekitzelt und er hatte gequietscht und gekichert, bis ...
Mum hatte sie weggeschickt. Und wie immer hatte er den Hasen schnell in die Brusttasche seiner Jacke gesteckt. Ein

Straßenfest. Da war ein Karussell mit Pferden gewesen, er hatte auf einem schwarzen gesessen, Elly hinter ihm in einer Kutsche.
"I am Queen Elizabeth. Take me to my ***palace****!"*
Er schüttelte den Kopf und setzte den Hasen wieder auf das Regal über seinem Bett – sollten die anderen doch sagen, was sie wollten. Gerade als er die Jacke wieder in die Kiste packen wollte, gab es ein dumpfes, klackerndes Geräusch. Ein Stein fiel aus der Brusttasche, in der das Stofftier gewesen war. Langsam schlidderte er über den Fußboden auf Patrick zu, so als täte er das aus eigener Kraft.
Sofort erinnerte sich Patrick.
Damals ... da war dieses Klackern auf dem Pflaster gewesen. Die dunklen Kinder. Wie Schatten. Die Welt zog in der Dunkelheit pfeilschnell an ihm vorbei. Plötzlich Licht ...
Verblüfft nahm Patrick den Stein in die Hand. Er schmiegte sich in seine Handfläche und schien sanft zu vibrieren, so als sende er ein Signal aus.
"The shadowstone!"

Es war, als ergriffe ein eiskalter Wind die Shadowwalker. Push hob den Kopf und lächelte. Schwarze Schattenfäden griffen nach Fade. Rasch packte sie Pushs Handgelenk und zog ihn mit sich. Die Fäden rissen die beiden Schattengänger fort, trieben sie schneller durch die Finsternis, als sie jemals hätten rennen können.

---

palace Palast

"Yee-haa! This is **amazing**", jubelte Fade und drehte sich in den Böen wieder und wieder um die eigene Achse. Push versuchte auszumachen, wo sie waren. Ging es zum Festland? Nach Südwesten? Schnell warf er einen Blick in seine Handfläche. Ein roter Punkt leuchtete links oben auf. Doch kaum hatte er den Blick wieder nach vorn gerichtet, war die Reise schon vorbei. Fade kicherte vor lauter Vorfreude, als sie erkannten, wo sie waren. Beim Kinderheim in Deutschland.

amazing fantastisch

The Stone

No", murmelte Patrick. "That can't be right!" Ganz zu Anfang, als Heike ihn wieder und wieder gefragt hatte, ob er sich nicht erinnern könne, wie er nach Hamburg gelangt sei, hatte er nichts über seine Reise durch die Schatten gesagt. Er hatte Angst, ausgeschimpft zu werden, weil er mit Fremden mitgegangen war. Heute waren die Erinnerungen so verschwommen, dass er selbst glaubte, sich alles zusammenphantasiert zu haben. Vielleicht hatten ein paar Kinder ihm einen Stein geschenkt, er war mit ihnen um die Wette gelaufen und dann in einen Zug gestiegen und eingeschlafen? So oder so ähnlich musste es doch gewesen sein! Er ballte die Hand zur Faust und hielt den Stein fest umklammert. Ein Schauer rann über seinen Nacken.

Plötzlich strahlte wieder die Sonne hinter ihm durchs Fenster. Patrick stand genau im Kreuz der Schatten auf dem Fußboden. Und die Hand, mit der er den Stein hielt, war im gleichen Moment pechschwarz. Hektisch schnappte er nach Luft.

"What – "

"There he is!", jubelte es hinter ihm. "Yoohoo! And here we are!"

Patrick fuhr herum. Da war sie. Dieses Mädchen, das er nur aus dem diffusen Traum vom Rennen in den Schatten kannte. Sie hopste auf der Stelle und grinste ihn übermütig an.

"Hello, Lost. I'm so glad you're with us again."
Entsetzt wich Patrick vor dem Mädchen zurück. Nein, er hatte das doch alles nur geträumt! Dieses Rennen im Dunklen konnte doch nicht – Patrick rang nach Luft – die Wahrheit sein? Neunhundert Kilometer in einer Nacht?
Etwas huschte durch die Schatten in seinem Zimmer und hinter dem Mädchen erschien auch der Junge.
"**Congratulations!** You're the fastest shadowwalker we've **ever** met. Hi! How are you?" Noch immer kiekste die Stimme des Jungen unkontrolliert hinauf und hinunter. Er gluckste. "Got lost, did you?"
"That's not funny!", keuchte Patrick entsetzt. "It was ... just a **crazy dream**."
"No, no!", sagte der Junge. "We're **as real as** you are. Push and Fade, remember? We're old friends."
"Yes, that's what we are", bestätigte Fade kichernd. "**What a** shame! Did you forget about us?"
Patrick hörte, dass er mit den Zähnen knirschte. "Where **have** you **been**? **I've been stuck** here all this time!", brachte er zornig hervor.

Congratulations! Glückwunsch!
ever je
crazy verrückter
dream Traum
real echt
as ... as so ... wie
what a wie
have been seid gewesen
have been stuck habe festgesessen

"Well, all you **had to** do was to take the shadowstone in your hand, enter the shadows, and come back to us", plauderte Fade heiter drauflos. "But you didn't. And you did**n't** cry **either**. So you couldn't see us, and we couldn't talk to you."
Push warf einen kritischen Blick aus dem Fenster. Wieder türmten sich Wolken auf und drohten sich vor die Sonne zu schieben.
"The dark shadows will go away when the sun **disappears**, and the room will be full of grey **daylight**", warnte er. Sofort huschte Fade in die dunkelste Ecke des Raums. Stimmt, dachte Patrick, wenn die Sonne verschwindet, gibt es nur dieses gedämpfte graue Licht, aber keinen Schatten. Trotzdem blickte er verwirrt zu Push, als der Fade nachglitt, die unter Patricks Bett geschlüpft war.
"We'll see you tonight", sagte der Schattenjunge noch schnell.
"Wait! How can I call you?"
"We'll be hiding under your bed", rief das Mädchen kichernd.
Dann waren beide verschwunden. Im gleichen Moment verbarg sich die Sonne wieder hinter den Wolken und die schwarzen Schatten der Möbel und Fensterrahmen verschwanden.
Es klopfte an der Tür.

---

had to musstest
not either auch nicht
disappears verschwindet
daylight Tageslicht

“Patrick?”, war Lena von draußen zu hören. “Bist du da?”
Patrick atmete ein paarmal tief ein und aus, um sich zu beruhigen.
“Ja, klar ... komm doch rein!”
Zögerlich wurde die Tür aufgemacht und Lena lugte herein.
“Hi”, flüsterte sie.
“Hi”, sagte Patrick. Hastig legte er den Stein auf seinen Schreibtisch. Sein Herz klopfte noch immer bis zum Hals, aber er bemühte sich sehr, dass sie nichts davon merkte. Er atmete noch einmal tief durch und drehte sich dann lächelnd zu Lena um. “Well ... how’s your room? Ähm ... wie gefällt dir dein Zimmer?” Er war so verwirrt und überfordert, dass er schon wieder die Sprachen durcheinanderwarf.
“Ist ganz schön”, flüsterte Lena.
“Hat Heike dir schon die anderen vorgestellt?”
Lena nickte und sah auf den Boden. Eine peinliche Pause entstand.
“Ich bin gerade dabei auszumisten”, redete Patrick schnell weiter, “aber wenn du willst, zeige ich dir danach, wo alles ist. Setz dich einfach aufs Bett, ich bin gleich fertig.”
“Soll ich dir helfen?”, fragte Lena und warf einen Blick auf die Klappbox. Patrick hatte alles einfach hineingeworfen und sie quoll schon über. Gerade zog er das Schubfach seines Nachttischs auf. Da lag doch tatsächlich die Mentholsalbe, die Heike letztens so verzweifelt gesucht hatte. Er warf sie schnell in die Kiste. Lena sah

sich den chaotischen Kleiderhaufen darin an, nahm kurzerhand alles wieder heraus und stapelte die Sachen ordentlich. Währenddessen schaute Patrick in seine Schreibtischschubladen.

“Der ist aber hübsch. Ganz schwarz und glatt!”, sagte Lena so plötzlich, dass Patrick zusammenzuckte. Sie war hinter ihn getreten und hatte den Schattenstein entdeckt. Schnell griff Patrick danach und steckte ihn in die Hosentasche.

“It's ...” Schon wieder. “Das ist ... nur ein Glücksbringer”, behauptete er. “Ich habe ihn in meinen alten Sachen wiedergefunden.” Sofort begann sein Herz schneller zu schlagen und er unterdrückte den Reflex, zu schlucken.

“Ich glaube, das war's”, sagte er hastig. “Komm, wir bringen die Kiste in den Gemeinschaftsraum.” Er nahm die Klappbox hoch und Lena folgte ihm in einen lichtdurchfluteten Raum mit Glasdach am Ende des langen Flurs.

In dem großen Wintergarten gab es Spielzeug, Bastelsachen, Brettspiele und Malutensilien, einen alten, aber großen Fernseher und davor zwei Sofas, auf die man sich kuscheln konnte. Obendrein stand ein kleiner Computertisch mit einem PC an der Wand. Daneben hing eine Kreidetafel mit einem Zeitplan, auf dem festgelegt war, worauf man sich beim Fernsehprogramm geeinigt hatte und wann der Computer von wem benutzt werden durfte, damit es keine Streitereien gab. Gerade war Heike dabei, Lenas Namen einzutragen. *Do. 15.30–16.30 Uhr*, schrieb sie.

“Ich darf immer Mamas Notebook benutzen, wenn ich das möchte. Kann ich das nicht herholen? Meine Oma ist sicher froh, wenn ich öfter als einmal in der Woche eine Mail schreibe. Sie wohnt auf Teneriffa, aber sie schreibt mir jeden Tag. Mama hat ... hätte sicher nichts dagegen”, flüsterte Lena Patrick zu.
“Hey, Heike, Lena hat ein Notebook zu Hause”, sagte Patrick prompt.
“Oh!” Heike drehte sich um und lächelte Lena an. “Das ist ja toll. Die meisten kommen hier nur mit ihren Kleidern an. Ich sage gleich beim Jugendamt Bescheid, dass sie es holen, ja?”
Lena nickte eifrig.
Erstaunt sah Heike auf die Klappbox in Patricks Händen. “Hui! Die ist aber akkurat eingeräumt! Nie im Leben war das mein Lieblingschaot – du hast ihm geholfen, gib’s zu!”, fügte sie lachend hinzu. “Ich kenn doch meine Pappenheimer!”
Patrick musste lachen und Heike warf einen neugierigen Blick in die Kiste.
“Als ich mir meine Sachen angesehen habe, ist mir übrigens eingefallen, dass meine Schwester und ich damals Karussell gefahren sind.”
“Und wo?”
“Keine Ahnung. Die Dudelmusik und die tätowierten Typen, die einen anschnallen, gibt es wohl überall auf dem Rummel, oder?”
“Ja, leider.” Heike seufzte. Immer wenn Patrick sich an irgendetwas erinnerte, waren es solche Bruchstücke.

Lena warf den beiden einen fragenden Blick zu.
"Ich weiß nicht genau, wo ich herkomme", erklärte Patrick ruhig. "Aber zumindest ist mein Englisch klasse."
"Oh", sagte Lena. "Das ist ja blöd!"
"Gut auf den Punkt gebracht", sagte Patrick.
Gerade in diesem Moment fand Heike die Tube mit der Mentholsalbe.
"Patrick! Du bist ein Oberchaot! Und ich musste mit verstopfter Nase schlafen!"

Nachdem Patrick Lena alle kleinen Regeln erklärt hatte, die wichtig waren, damit es im Sonnenhaus harmonisch zuging, hatten sie zusammen geholfen, Abendessen zu machen. Jetzt saß Patrick noch neben Lena am Küchentisch, denn sie aß sehr langsam und alle anderen Kinder waren schon aufgestanden und hatten ihr Geschirr abgeräumt. Lena erzählte ein bisschen von sich und Patrick hörte ihr zu.
"Ah", sagte er schließlich. "Dann kennst du deinen Vater gar nicht?"
"Nein", erwiderte Lena zwischen zwei Bissen. "Aber das ist mir eigentlich egal, denn ich hab ja Mama. Und sie ist echt klasse."
"Glaub ich", sagte Patrick.
Lena sah ihr Butterbrot an, als ob es sie beißen wollte.
"Ich mag nicht essen."
"Du musst nicht, wenn's nicht geht."
Erleichtert schob Lena ihren Teller von sich. Patrick kannte das. In den ersten Tagen hatte kaum eines der

neuen Kinder Appetit. Die beiden räumten ihre Teller in die Spülmaschine und Lena griff nach einem Lappen, wischte die Krümel vom Tisch.
“Super! Du bist wirklich die Erste, der ich das nicht sagen muss!”, lobte Patrick.
Lena wurde ein bisschen rot, aber sie lächelte.
“Ich helfe viel zu Hause”, erklärte sie. “Mama war so stolz, dass es mit ihrem Ganztagsjob deshalb so gut geklappt hat ...”
“Ist doch super, wenn du allein klarkommst.”
“Das will ich ... aber ... nicht”, stammelte Lena, riss sich ein Stück Küchenpapier von der Rolle und hielt es sich vor ihr Gesicht. “Verflucht”, schluchzte sie. “Ich muss schon wieder heulen. Das ist so gemein!”
Entsetzt starrte Patrick sie an. Hatte er etwas Falsches gesagt?
“Ich mein dich nicht”, brachte sie hervor, als sie seinen entgeisterten Blick bemerkte. Sie putzte sich die Nase, goss sich Mineralwasser ein und trank einen großen Schluck. Offensichtlich versuchte sie sehr, sich zusammenzureißen.
“Deine Geschichte klingt auch nicht nach Zuckerschlecken”, sagte sie schnell, als wolle sie sich ablenken. “Warum bist du denn eigentlich hergekommen? Oder soll ich nicht fragen?”
Patrick machte eine beschwichtigende Geste. So lief das immer, er erzählte von sich, die Neuen erzählten ihre Geschichte, und danach wusste man genug voneinander, um sich anzufreunden oder zumindest miteinan-

der auszukommen. "Kein Problem, ich muss das öfter erklären. Aber ich weiß selbst nicht genau, wie es dazu gekommen ist."
Doch, dachte Patrick, jetzt weiß ich es sogar sehr genau, aber das glaubt mir ohnehin keiner.
"Die Polizei hat am Ende vermutet, dass ich mich verlaufen habe und in einen Zug gestiegen bin. Ich war erst vier Jahre alt und kann mich eigentlich nur daran erinnern, dass ich sehr schnell unterwegs war."
"Au weia." Lena zog ein erschrecktes Gesicht. "Das ist ja furchtbar. Du musst doch wahnsinnige Angst gehabt haben?"
"Na ja, so richtig habe ich damals wohl nicht verstanden, was passiert ist. Aber stimmt schon, mir hätte sonst was passieren können", meinte Patrick und sah Lena ein bisschen verlegen an. "Du musst mal die anderen fragen, die haben viel Schlimmeres hinter sich. Die Mum von Toto hat ihn einfach nicht mehr aus der Kindertagesstätte abgeholt und ist abgehauen. Keiner weiß, wo sie ist, bis heute nicht. Und Maja lief mitten in der Nacht draußen rum und hat an einem Döner-Stand um Essen gebettelt. Als das dauernd vorkam, hat der Besitzer die Polizei verständigt. Sie darf erst nach Hause, wenn ihre Mutter sich anständig um sie kümmert. Die verspricht zwar das Blaue vom Himmel, aber sie besucht Maja nicht mal und Heike glaubt ihr kein Wort. Bei Gero geht es noch, er hat fünf Geschwister und seine Familie hat schlimme Schulden. Wieso, weiß er wohl selber nicht genau, aber seine Eltern müssen des-

halb furchtbar viel arbeiten – denen ist alles total über den Kopf gewachsen. Aber meine Mum war ganz anders. Sie hat sich viel Zeit für uns genommen und wir haben oft zusammen gespielt und gelacht, sie, Elly und ich. Und ab und zu auch Dad. Mum hat uns auch jeden Abend aus einem dicken Märchenbuch vorgelesen und zu essen gab es immer genug. Ich hatte heute meine Sachen noch mal in der Hand, sie sehen ziemlich teuer aus, und ich weiß noch, dass unser Haus schön war, die Zimmer hier kamen mir alle zu klein vor. Ich glaube, mir ging es richtig gut."

"Ich weiß, was du meinst", sagte Lena leise. "Wir müssen nicht denken, dass unsere Eltern uns nicht haben wollen, oder? Aber was ist, wenn Mama nicht wieder gesund wird? Muss ich dann hierbleiben? Oder zu Oma nach Teneriffa? Und dass meine Mutter vielleicht gar nicht mehr wiederkommt, dass sie ..." Schnell schüttelte Lena den Kopf und wischte sich wieder über die Augen. "Nein, das kann ich mir nicht vorstellen ..."

"Komm schon! Bestimmt geht's deiner Mutter bald wieder gut und du kannst nach Hause."

Aufmunternd sah Patrick Lena an. Eine Weile schwiegen sie. Lenas Finger malten einen Kringel auf die Arbeitsplatte, als wäre sie verlegen.

"Ähm, Patrick?"

"Ja?", fragte Patrick.

"Ich hab eine Bitte und Heike meinte, ich soll dich selber fragen. Können wir morgen zusammen nach Hause fahren? Ich nehme normalerweise eine andere

Buslinie und weiß nicht genau, wo die Haltestelle für eure ist. Du hast nur vier Stunden, sagt Heike, und sie will nicht einfach anordnen, dass du meinetwegen länger bleibst."

"Mach ich gern", versprach Patrick. "Wo bist du denn nach der sechsten? Ich kann dich abholen und wir gehen zusammen zum Bus."

"Ich hab Sport in den letzten beiden Stunden. Wir machen wahrscheinlich Leichtathletik auf dem Sportplatz."

"Gut. Es ist so schönes Wetter im Moment, da setz ich mich auf die Tribüne, mach schon mal meine Hausaufgaben und guck dir dann zu."

"Danke", sagte Lena, immer noch bedrückt, aber jetzt lächelte sie wenigstens.

Es war langsam Zeit ins Bett zu gehen und so verabschiedeten sie sich bald. Irgendwie war Patrick jetzt besser gelaunt. Kein Zweifel, er mochte Lena.

Doch kaum hatte er die Tür seines Zimmers hinter sich geschlossen, fuhr seine Hand auch schon in die Hosentasche und schloss sich fest um den schwarzen Stein. Sein Zimmer lag in tiefstem Dunkel. Augenblicklich breitete sich das Gefühl von Schwerelosigkeit und Freiheit in seinem Inneren aus.

Neben Patricks Schreibtisch warteten Fade und Push.

"Ah! There you are."

"Yes, but we can't talk here", flüsterte Patrick. "The others will hear us."

"They won't", sagte Fade und lachte ihr Klingellachen.

"Nobody sees or hears us, **unless** they're crying or have a shadowstone. **Those** are the **rules**."
"But we should go **anyway**", schlug Push vor. "Fade and I want to **get our revenge**."
Patrick musste lachen.
"I **bet** I'm faster now."
"**Prove** it!", sagte Push und verschränkte die Arme vor der Brust. "Come on – let's go."
Sie warteten, bis das Licht auf dem Flur gelöscht wurde, und schon wischten die Schattengänger unter der Tür hindurch zum Hauseingang. Auch dort nutzten sie den Spalt unter der Tür, um ins Freie zu gelangen. Patrick folgte ihnen. Die Kühle der Nacht und die Dunkelheit lagen vor ihm wie die ungeheure Weite des Weltraums. Es gab keinen Ort, den er nicht blitzschnell erreichen konnte. Er hatte das Gefühl nie vergessen.
Freiheit!
"**Hurray**", jubelte Fade. "What shall we play?"
"**First**, I want to find my way home!", sagte Patrick fest. "We can play tag on the way, if you know where you found me."

---

unless es sei denn
those das
rules Regeln
anyway trotzdem
get our revenge uns rächen
bet wette
prove beweise
Hurray! Hurra!
first zuerst

Der Stein in Patricks Hand begann zu vibrieren.
"What was that?", fragte er erstaunt.
"The stone knows the way!", antwortete Push.
Patrick öffnete seine Hand. Selbst in völliger Dunkelheit erschien der Shadowstone noch schwärzer als die Umgebung. Auf seiner Spitze entstand ein schwaches hellrotes Glimmen, dann drehte der Stein sich blitzartig um die eigene Achse und wies auf Patricks Körper. Patrick drehte sich um und glitt zu dem Mäuerchen, das den Garten begrenzte. Mühelos kletterte er hinauf, hockte sich hin und ließ sich ohne zu zögern in die Dunkelheit fallen. Er machte die erste Bewegung und da war es wieder – dieses unglaubliche Gefühl, dahinzugleiten und eins mit dem Schatten zu sein. Begeistert glitt er an der Mauer entlang, die Straße hinunter, an der Bushaltestelle vorbei, stadtauswärts.
I'm going home, dachte er. *And nothing* ***but*** *the light can stop me!*
"There he goes!", rief Push.
"Let's catch him!", jauchzte Fade. "We won't let him **beat** us again!"

---

but außer
beat schlagen

Chasing the **Truth**

Es war genauso aufregend wie in seiner Erinnerung. Nein, noch besser. Er musste nur Schwung holen und flog dann meilenweit mühelos durch das Dunkel. Nur leichte Bewegungen nach rechts oder links und er konnte überall hin, sogar völlig flach unter Toren und Zäunen durchschlüpfen. Immer schneller bewegte er sich und warf nur ab und zu einen kurzen Blick auf den Stein und korrigierte die Richtung.

Als Patrick die Küste erreichte, wies der Stein ihn an, geradeaus am Strand entlangzurennen. Der Schatten auf dem Wasser war zu unstet, der Mond spiegelte sich darin. Helle Reflexe flackerten über Deich und Strand. Das Ausweichen machte Patrick langsamer, also rauschte er eine Böschung hinunter und fegte an der Landseite die Küste entlang, bis er die belgische Grenze erreichte. Von dort führte ihn der Schattenstein zuverlässig zum Kanaltunnel in Nordfrankreich. Patrick wurde abermals schneller, wählte die dunkle Röhre, in der die Züge fuhren, legte sich zur Seite und glitt die Mauer empor. Im Zickzack raste er durch den Tunnel, schnellte hinaus auf die Straße am Hafen und schließlich auf eine breite Autobahn. Von hier ging es nur noch schnurgeradeaus.

Patrick rauschte von der Straße hinunter in die Wälder.

---

truth Wahrheit

Hier holten Fade und Push ihn beinahe ein, er konnte ihr Lachen hinter sich hören. Schnell huschte er durch den Wald und an den nächtlichen Bäumen hinauf, über die Äste und dann wieder hinunter über den schwarzen Waldboden. Sein Herz schlug höher, als der Shadowstone leicht nach rechts schwenkte und ihn einer breiten Straße folgen ließ.
Er sah eine große Stadt am Horizont näherkommen, tausende kleine Lichter strahlten ihm entgegen. Bald roch es nach Mauersteinen, Abgasen, nassem Pflaster und einem Fluss. Die Straßen waren beinahe unbelebt und er sah nur wenige erleuchtete Fenster. Ein großer Uhrenturm kam in sein Blickfeld. Patrick stoppte seine Bewegungen, hielt an und sah hinauf. Das war zweifellos der Big Ben.
London. Er war in London. Es war elf Uhr; eine Stunde früher war es in England im Sommer, er hatte also gute drei Stunden hierher gebraucht. Der leuchtende Punkt auf dem Shadowstone wanderte in die Mitte des Steins und verglühte.
Patrick trat ins Licht einer großen Laterne.
“Wow.” Er stand vor einem abbruchreifen Haus in einer Straße im Stadtteil Notting Hill.
“You **won** again! Amazing”, rief Push, der genau dort stand, wo der Lichtkreis der Laterne endete. Offensichtlich war er ein guter Verlierer. Fade tauchte neben ihm auf und kicherte.

---

won hast gewonnen

"You must be the fastest shadowwalker the world **has** ever **seen**!", jubelte sie ihm ins Ohr. "A **worthy rival** for Fro..."
Push hustete und übertönte den Rest des Satzes.
"A worthy rival for us, Lost ...", korrigierte sie sich.
"Why **do you call** me Lost?", fragte Patrick. Er hatte ihr nur mit halbem Ohr zugehört, denn er stand noch immer im Licht und versuchte sich zu orientieren. Er erinnerte sich ganz entfernt an eine Treppe und ein Haus. Dieser Straßenzug aber war ihm völlig fremd.
"Because you were lost", sagte Fade. Sie legte den Kopf zur Seite, als wundere sie sich über Patricks Frage.
"It's your shadowname. Getting lost was the **reason** why you came to us", ergänzte Push.
"That's true", murmelte Patrick. "But I must find my home." Fade und Push wechselten einen schnellen Blick. Patrick trat in den Schatten zurück und betrachtete argwöhnisch den Stein in seiner Hand.
"Take me to my family, shadowstone."
Der Stein begann zu vibrieren und drehte sich langsam um die eigene Achse, ohne wieder zum Stillstand zu kommen. Das Leuchten flackerte unentschlossen in seiner Mitte.

---

has seen gesehen hat
worthy würdiger
rival Rivale
do you call nennt ihr
reason Grund

"What's the matter with it?" Patrick streckte Push vorwurfsvoll seine linke Hand hin.
"Well, this is where you found the stone. It doesn't know where you were before."
"Ah", sagte Patrick. Er sah sich suchend um. "I can't remember where we lived. But I'm sure it must have been **around** here **somewhere**. The houses look like the one I remember."
"**Goodness.**" Fade lachte auf. "There are lots of houses like that in this **area**."
Patrick warf einen Blick auf seine Armbanduhr. In Deutschland war es nun schon halb eins. Er musste zurück – um viertel vor sieben kam Heike an seine Zimmertüre, um ihn zu wecken.
"I have to go", sagte er. "To the orphanage, shadowstone!" Er drehte sich zu Fade und Push. "We'll see **each other** again soon. I have to **find out** who I am, and where my family lives."
"And I **still** have to beat you", meinte Push leichthin. "We'll be **right beside** you, in the shadows."

---

around drum ... herum
somewhere irgendwo
Goodness. Meine Güte.
area Gegend
each other uns
find out herausfinden
still noch
right gleich
beside neben

Während Patrick matt in sein Bett schlüpfte, spielten Push und Fade in seinem Zimmer Verstecken, um sich die Zeit zu vertreiben.
Sie hatten Lost zurück nach Hamburg begleitet und spürten schon seit ihrem Rennen, dass ihnen ein alter Bekannter auf den Fersen war und jeden ihrer Schritte überwachte. Kaum schlief Patrick fest, trat er zu ihnen.
"What **have** you two **been up to**?", sagte Frost überheblich.
Ohne eine Miene zu verziehen wies Fade auf Patricks Bett. "We **were going to contact** you. We were just waiting until he **was asleep**. Do you remember the boy? Lost?"
"Is it really him?", fragte Frost. "After all these years?" Er klang interessiert.
Fade nickte begeistert.
"Excellent", sagte er. Und zu sich selbst: "Er ist jetzt im richtigen Alter, um ein ernst zu nehmender Gegner zu sein. Das wird mir einiges Vergnügen bereiten, darauf möchte ich wetten."
"Where's Pain?", fragte Fade.
"She wasn't fast **enough** to hide from the sun", antwortete Frost.

---

have been up to habt getrieben
were going to wollten
contact Kontakt aufnehmen
was asleep schlief
enough genug

"**Oh dear**", sagte Push.
Fade zuckte gleichmütig die Achseln.

Patrick war todmüde und deshalb froh, dass er nur vier Stunden Unterricht hatte. Den Erdkunde-Test brachte er gerade so einigermaßen hinter sich und ärgerte sich darüber, dass er vergessen hatte, ordentlich zu lernen. Nun hockte er auf der Tribüne des Sportplatzes und gähnte so ausgiebig, dass sein Kiefer knackte. Aber schon kurz darauf vergaß er seine Müdigkeit. Lena kam auf den Sportplatz.
Sie trug einen eng anliegenden schwarzen Sportdress und knallgelbe Laufschuhe. Sie schlenderte nicht gemütlich wie die anderen Mädchen, sondern lief mit langen, entschlossenen Schritten auf die Startlinie zu. Schon an der Art, wie sie sich neben den Startblock stellte, auf der Stelle sprang und mit den Armen Schwung holte, um sich aufzuwärmen, konnte man sehen, dass sie eine geübte Läuferin war. Sie zog ihre Jacke aus. SV Grün-Rot Harburg stand auf ihrem Top. Anscheinend war sie im Sportverein. Jetzt hockte sie sich hin, prüfte den Halt im Startblock, und kaum hatten sich die anderen Mädchen hingekniet und der Lehrer seine Trillerpfeife herausgeholt, heftete sie ihre Augen schon fest auf die Ziellinie. Ihr Blick bekam etwas Professionelles und Entschlossenes, sodass Patrick sich unwillkürlich nach vorne lehnte und jede ihrer

---

Oh dear. Oje.

Bewegungen genau beobachtete. Sie schnellte als Erste aus dem Block und ließ schon mit wenigen Schritten die anderen chancenlos hinter sich. Hundert Meter, sicher bei dreizehn Sekunden, schätzte Patrick und klatschte anerkennend. Lena fuhr herum und wurde rot. Sie stand jetzt auf der sonnenabgewandten Seite des Stadions, und die Art, wie sie winkte in ihrem engen, schwarzen Dress, erinnerte Patrick an Fade. Rasch kam Lena zu ihm herübergespurtet.
"Das war klasse! Wie ist deine Zeit?"
"12,89 Sekunden", meinte sie kritisch. "Ich war schon mal schneller."
"Schneller? Ich lauf ja gerade mal 13,04."
"Tja", meinte Lena achselzuckend. "Meine Mutter war Hamburger Jugendmeisterin. Das will ich auch schaffen."
"Ganz schön ehrgeizig."
Der Lehrer rief nach Lena. Sie winkte Patrick zu und machte, dass sie zur Weitsprunggrube kam. Patrick musste an die Shadowwalker denken. Gegen Lena zu laufen würde sicher mehr Spaß machen. Push und Fade waren keine ernstzunehmenden Gegner für ihn.

Run and Hide

"Over here", rief Push. Nach dem sonnigen Tag war die Luft feucht und schwer, dichte Regenwolken verdunkelten den Himmel. Ungehindert flogen die Schattengänger durch die nächtlichen Straßen Londons.

Gegen acht hatte Patrick Heike gesagt, er fühle sich krank. Dass er blass war, weil er so wenig geschlafen hatte, hatte seine Behauptung nur untermauert. Heike hatte es ihm ohne Weiteres geglaubt.

Er hatte sich vorgenommen, spätestens um drei wieder zu Hause zu sein. Anders als sonst hatte er sich diesmal nicht freiwillig zum Helfen beim Samstagseinkauf gemeldet und könnte so zumindest noch bis neun schlafen.

In das Gebäude der großen Tageszeitung zu gelangen war nicht schwierig. Es war ein riesiges altes Haus und voller Spalte und Ritzen. Vom Eingang führte eine große Steintreppe ins Obergeschoss. Schnell glitten sie an den Wänden entlang und schon bald fand Patrick eine Tür, auf der "**Archives**" stand.

Am Tag, an dem man ihn gefunden hatte, feierte er Geburtstag: am 19. August. Heike lachte immer darüber, sie fand, das Sternzeichen Löwe könne nicht stimmen, er sei viel zu freundlich und harmoniesüchtig dafür. Aber so wusste er genau, dass er am 18. August 2002 verschwunden sein musste. In genau einer Woche

---

archives Archiv

und einem Tag vor acht Jahren. Nein, in genau einer Woche vor acht Jahren, stellte er fest. Es war schon Mitternacht.
Er steckte den Shadowstone in seine Hosentasche und zog eine kleine Taschenlampe aus seiner Jacke. So schnell es ging, leuchtete er in jede Ecke. Rechts neben der Tür stand ein PC. Sofort lief er hinüber und schaltete ihn ein.
Er musste eine Weile warten, bis der Rechner hochfuhr, und weitere Minuten vergingen, in denen er versuchte, zu verstehen, wie man das Archivprogramm benutzte. Endlich entdeckte er eine Funktion, mit der man nach Daten suchen konnte. Blinzelnd vor Müdigkeit sichtete er Seite um Seite der Zeitungen vom 16. bis zum 26. August 2002.
Da! Das musste es sein.

Missing
Four-year-old Patrick Gardner ***went missing*** *two days ago* ***during*** *a street party in Notting Hill. His parents called the police* ***the same*** *evening, and the* ***local radio has been appealing for*** *information about the boy, but nobody* ***has come forward.***

---

went missing ist verschwunden
during während
the same am selben
local radio örtliche Radiosender
has been appealing for ... hat dringend um ... gebeten
has come forward hat sich gemeldet

Dozens *of children are reported missing in London every year, but* ***most of them*** *are found* ***within*** *24 hours, usually close to where they disappeared.*
If ***anyone*** *thinks he* ***may have*** *seen Patrick, or has any information about his* ***disappearance****, please contact Inspector Nelson at the Notting Hill police station as soon as* ***possible****.*

Als Patrick die Taschenlampe wieder einsteckte und nach dem Shadowstone tastete, fühlte sich die Innenfläche seiner Hand merkwürdig rau an. Er kümmerte sich nicht darum, sondern genoss die Erleichterung, die er spürte, als er seine Hand wieder um den Schattenstein schloss.
Auffordernd sahen Push und Fade ihn an.
Ein Fenster des Archivs stand einen schmalen Spalt offen und die Lamellen der Rollläden waren nicht ganz heruntergelassen. Patrick schlüpfte durch die Lücke und ließ sich blitzschnell kopfüber an der Fassade hinabgleiten. Das düstere Pflaster fing ihn sanft auf und schon standen auch Fade und Push wieder neben ihm.
"I must go to the police station to find out more." Richtig Lust dazu hatte Patrick eigentlich nicht. Das

---

dozens Dutzende
most of them die meisten
within innerhalb von
anyone irgendjemand
may have könnte
disappearance Verschwinden
possible möglich

Rennen machte solchen Spaß, allein diese irre Geschwindigkeit ... Er riss sich zusammen. Erst die Arbeit, dann das Vergnügen, würde Heike sagen.
"My mum reported me missing. She **must have given** them her address", erklärte er den beiden.
"Are you sure?", meinte Fade leichthin. "Nobody missed me."
"Really?", fragte Patrick. Da war ein dumpfes Gefühl von Traurigkeit in seinem Brustkorb, das aber sofort wieder verging. Vielleicht lag es daran, dass Fade gleichbleibend fröhlich klang.
"**Well**, who would?", fragte sie gelassen und fügte leichtherzig hinzu: "The **mine owners were always** losing children **down there**."
"The mine owners?"
"Yes. I **worked** in a **coal mine**."
"But it's illegal to make children go out to work", sagte Patrick erstaunt.
"It is *now*", brummte Push.
Patrick hatte keine Zeit, über das nachzudenken, was Fade gesagt hatte. Seine Uhr piepste, es war inzwischen halb eins, halb zwei also in Deutschland, und obwohl er immer schneller wurde, würde er mindestens drei

---

must have given muss gegeben haben
well nun
mine owners Minenbesitzer
were always haben ständig
down there da unten
worked habe gearbeitet
coal mine Kohlebergwerk

Stunden brauchen, um zurückzukommen. Rasch nahm er Anlauf und glitt mit den anderen zur Polizeistation. Er hatte sich die Strecke auf dem Stadtplan angesehen. In dieser Nacht war es bewölkt. Am Tag war Bewölkung eine Katastrophe, denn ohne Sonne gab es ja keine Schatten. In der Nacht aber hielten die Wolken das Mondlicht ab und die ganze Welt lag in völligem Dunkel. Wenn er Glück hatte, konnte er übers Wasser, statt den Tunnel benutzen zu müssen.

Beim Eindringen in das Polizeirevier half ihnen der Zufall. Gerade schleppte ein Polizist einen betrunkenen Mann hinein und sie konnten vorsichtig in seinem Schatten mitlaufen. Eine Seite des Treppenhauses lag im Schatten und so gelangten sie mühelos in die oberen Stockwerke. Die Räume dort waren, anders als die Wache, nachts nicht besetzt und unbeleuchtet. Doch in einem der Großraumbüros summten noch etliche Computer.

"**Look out!**", rief Push. "He's coming up!"

Fade und Push glitten unter einen Aktenwagen und Patrick verbarg sich hinter einer Tür. Auf der Treppe waren Schritte zu hören. Patrick glitt um die Tür und unter einen der Arbeitstische. Doch der Polizist machte das Deckenlicht nicht an, sondern nur eine kleine Arbeitsleuchte neben einem der Computer. Patrick bewegte sich neugierig auf den Schreibtischstuhl zu, der leise quietschte, als der Polizist sich setzte. Fade und Push

---

Look out! Pass auf!

glitten lautlos neben ihn. Ein großes Wappen war auf dem Bildschirm zu sehen. Auf einen Mausklick hin erschien der Schriftzug "**Enter** Password" auf dem Monitor. Leise murmelnd kramte der Polizist einen schmalen Zettel aus der Brusttasche. "*X9-PD/AWD12.* I really should try and learn this", murmelte er.
Patrick schaute gerne Krimis und wusste sofort, dass dies der Fahndungscomputer sein musste. Er murmelte die Buchstabenkombination tonlos vor sich hin, um sie nicht zu vergessen, und sah im Schatten hinter dem Stuhl genau zu, was der Polizeibeamte machte. Es erschienen Eingabefelder für eine Personensuche. Der Polizist legte den Ausweis des Betrunkenen neben das Mousepad in den Lichtkegel der Arbeitsleuchte, wählte eine Funktion und tippte den Namen ein. Erleichtert entdeckte Patrick, dass man an diesem Computer nach verschiedenen Kategorien suchen konnte. Ein Reiter oben am Bildschirmrand war mit "Missing" betitelt – na also!
Als der Polizist festgestellt hatte, dass der Mann nicht vorbestraft war, erhob er sich und streckte sich gähnend. "One o'clock already", murmelte er noch. Zwei Uhr in Deutschland.
Go on, dachte Patrick genervt. ***Get out*** *of here*.
Da – endlich verließ der Polizist den Raum. Fade und Push spielten derweil Schubsen. Wenn man sich gegen-

---

enter eingeben
Get out. Raus.

seitig anstieß, flog man meterweit durch den Schatten, und sich nachts in alle möglichen Richtungen zu stoßen, war das Lieblingsspiel der beiden. Patrick bemühte sich, nicht auf ihr Gekicher zu achten, steckte seine Hand in die Hosentasche und ließ den Shadowstone los.
"Ouch! My hand!" Seine Handfläche brannte wie Feuer und seine Finger fühlten sich steif und taub an. Er musste den Stein zu verkrampft festgehalten und sich die Haut aufgeschürft haben. Ungeduldig schüttelte er die Hand aus und setzte sich rasch an die Tastatur. Wieder musste er gähnen. Sobald er sich nicht im Schatten aufhielt, kehrten alle Schwächen seines Körpers zurück, wie jetzt diese ärgerliche Müdigkeit. Immerhin war es schon die zweite Nacht in Folge, in der er nicht schlief.
Er benutzte die Taschenlampe nur, um kurz auf die Tasten zu sehen, während er den Code eingab. Dann öffnete er das Programm und klickte auf "Missing". Bei *First Name* gab er Patrick ein, dann Gardner. Schließlich das Datum – Reported missing on: 19.08.02.
Patrick Louis Gardner, spuckte das Gerät aus. ***Height****: 112 cm. Hair: brown. Eyes: blue. Clothes: green* ***army*** *jacket, brown denim trousers, grey jumper, grey* ***trainers****.* Sogar die teuren Marken der Kleidungsstücke und ihre Größen waren hier festgehalten. Auch seine frische

---

height Größe
army Armee
trainers Turnschuhe

Wunde am Ohr, die heute nur noch eine kaum erkennbare, hellere Erhebung war. Als er das ***date of birth*** las, hätte Patrick beinahe angefangen zu lachen. Er hatte nicht nächste Woche, sondern am 9. Juni Geburtstag. "So I'm a Gemini. Heike was right", murmelte er. "And I've been twelve for two months already!"
Mother: Nora Gardner, ***née*** *Handley. Father: Louis Gardner.* ***Case unsolved****.* ***Archived*** *on 19.08.2003.*
Nur ein Jahr hatte man nach ihm gesucht?
Dann stand da noch *Case No. 1205/02 G - Shelf 4.* In dieser Akte musste die Adresse sein! Waren da nicht nummerierte Aktenschränke in dem Raum gegenüber gewesen? Hektisch fuhr Patrick das Programm herunter. Er stellte fest, dass der Flur inzwischen wieder dunkel war, und glitt unter der Tür durch und hinein in den gegenüberliegenden Raum. Wieder schmerzte es, als er den Stein aus der Hand legte, seine Finger waren steif und kribbelten, so als ob sie eiskalt gewesen wären und nun langsam warm wurden. Mit der anderen Hand zog Patrick die schweren Schubfächer auf, suchte nach der Akte und fand sie schließlich in der zweiten Reihe des vierten Registers.
Da gab es Zeugenaussagen und Protokolle von Suchaktionen, alle unterschrieben von einem Inspektor

---

date of birth Geburtsdatum
née geborene
case Fall
unsolved ungelöst
archived archiviert

Nelson. Immer wieder waren Vermerke beigefügt, dass seine Mutter auf dem Revier angerufen hatte, weil Nachbarn etwas gesehen haben wollten. Und einmal war seine Schwester auf der Polizeistation gewesen. Dieser Nachtrag war handschriftlich, wenige Tage nach dem Ende der Ermittlungen hinzugefügt worden. Entsetzt bemerkte Patrick, dass der Familienstand seiner Eltern von ***married*** in ***divorced*** geändert worden war. Er hatte seine Schwester damals gefragt, warum Mum so schlecht gelaunt gewesen war in den letzten Tagen, ob sie böse auf einen von ihnen wäre.

*"It's not our fault, Patrick. Dad**'s moving out**."*

Er hörte sich: *"No"*, sagen, ganz leise, und dann Ellys kühle Stimme: *"It's true. Mum told me yesterday."*

Patrick schluckte und blätterte um. Hier waren Zeitungsartikel abgeheftet worden, erschienen in der lokalen Tageszeitung. Anscheinend hatte dieser Officer Nelson fast verzweifelt nach Hinweisen gesucht. Nur nicht da, wo er gewesen war – im Ausland war nicht nach ihm geforscht worden. Warum auch, fiel Patrick ein – es hatte ja niemand auf den Gedanken kommen können, dass er das Land verlassen hatte. Und die deutsche Polizei hatte anscheinend hier nicht nachgefragt.

Auf einem Bild waren seine Mutter und Schwester zu sehen, Arm in Arm. Er erkannte beide sofort.

---

married verheiratet
divorced geschieden
is moving out zieht aus

“Mum!”, flüsterte er und strich vorsichtig über das Bild. “Elly ...”
Seine Schwester sah ihm ähnlich, fiel Patrick auf. Die gleichen hellen Augen, das gleiche dunkelbraune Haar. Tränen stiegen in Patrick auf und er blinzelte ärgerlich, weil seine Sicht auf das Bild verschwamm. Schnell wischte er sich über die Augen, prägte sich die Adresse ein, klappte die Akte zu und legte sie zurück in den Schrank. Seine Uhr piepste abermals. Halb drei in Deutschland. Noch drei Stunden bis Sonnenaufgang.

Auf dem Rückweg war er noch schneller. Patrick kam es vor, als kenne er jeden Millimeter der Strecke, als sei der Weg ein Teil von ihm. Fade und Push blieben ihm auf den Fersen, dennoch ließ er sie teilweise weit hinter sich. Sie nahmen das Rennen nicht halb so ernst wie er, hielten sich gegenseitig auf, indem sie akrobatische Kunststückchen machten, sich mal schubsten, mal am Kragen zurückzerrten oder einfach an einem Turm oder Pfeiler hochflitzten, um sich die Gegend anzusehen. Die nächtliche Landschaft schien für sie ein riesiger Abenteuerspielplatz zu sein. Patrick hingegen wollte nur eins: noch schneller werden. Und diesmal hatte er einen guten Grund dafür: Die Wolken hatten sich verzogen und der Himmel war jetzt sternenklar. Das hielt auf und sein Gegner agierte mit Lichtgeschwindigkeit. Er lief gegen den Sonnenaufgang.
Wenige Augenblicke, nachdem es vom Turm des Michel halb sechs geschlagen hatte, glitt Patrick über

den Hof des Heims. An der Vorderseite des Gebäudes schlüpfte er in den langen Schatten, den die aufgehende Sonne warf. Vorsichtig bewegte er sich an der Wand entlang, an der sein Zimmerfenster lag, das er vorsorglich offen gelassen hatte. Doch auch hier kroch bereits das Morgenlicht empor. Er suchte einen Durchschlupf, eine Ritze in der Mauer, irgendeinen dunklen Weg in das Gebäude. Das helle, noch diesige Licht streute in alle Winkel. Das gefiel ihm ganz und gar nicht, hineinzusehen schmerzte und machte ihm beinahe Angst. Erleichtert bemerkte er, dass das Fenster des Zimmers neben seinem noch im Schatten lag und einen Spaltbreit offen stand. Schnell huschte Patrick hinüber und schaute hinein.

Lena schlief noch, aber sie bewegte sich schon unruhig. Was, wenn sie ihn entdeckte, falls er sich hier hindurchquetschte? Noch lag das Zimmer im Dunklen – vielleicht konnte er unbemerkt bis zu ihrer Tür und dann unter ihr durch in den dunklen Flur gelangen? Er blickte sich um und sah Fade und Push in die Kellerluken schlüpfen. Das war die Möglichkeit! Doch unmittelbar hinter ihnen trafen die ersten Sonnenstrahlen die Lüftungsgitter im Untergeschoss. Und Patrick wusste, dass die Kellertür verriegelt war. Er war nicht sicher, ob man unter ihr hindurch konnte, es war eine Sicherheitstür.

Ich muss besser planen, dachte er. Wenn mich die Sonne hier an der Wand trifft, falle ich und breche mir das Genick. Und selbst wenn ich mich festhalten könnte, wie soll ich erklären, dass ich an der Fassade rumklettere?

Es gab keinen anderen Weg. Patrick fasste sich ein Herz und glitt durch das gekippte Fenster in Lenas Zimmer. Gerade erreichte die Sonne auch diesen Teil des Gebäudes. Nur der schmale Schatten des Rahmens verbarg Patrick noch, doch er reichte nicht bis zur Tür. Verflucht! Er konnte nicht anders, er musste ins Licht treten. Dieser eine Schritt reichte, er schien so laut nachzuhallen, als wäre Lenas kleines Zimmer ein riesiger, leerer Saal.

Lena schrak hoch.

“Was machst du hier?”, fragte sie entgeistert und setzte sich kerzengerade auf. Verdattert sah sie auf ihren Wecker.

“Entschuldige”, bat Patrick. “Ich wollte nur sehen, ob du noch schläfst.”

“Um zehn vor sechs?”, sagte Lena argwöhnisch. Sie zog ungläubig die Brauen zusammen. “Bist du ausgerissen und jetzt erst heimgekommen?”

“Wie kommst du denn darauf?”, fragte er. Mist, das hörte sich eher ertappt als verärgert an.

“Ich war um neun noch mal bei dir und du warst nicht in deinem Zimmer.”

Oh nein, er hatte vergessen, das *Ruhe*-Schild an die Klinke zu hängen.

“Hast du Heike was gesagt?”, fragte er alarmiert.

Lena schnaubte und sah ihn entrüstet an. “Als ob ich dich verpetzen würde!”

Patrick holte tief Luft, aber ihm fiel einfach keine Ausrede ein. Die Türen des Gebäudes wurden um halb zehn verschlossen, es war unmöglich, zu entwischen. Er setzte sich neben Lena aufs Bett.

“Ich hab mir echt Sorgen gemacht”, sagte sie. Sie flüsterte wieder so bedrückt.

“Ich musste weg, aber ich kann dir nicht erz...”

Er stockte. Der Stein vibrierte in seiner Hand. Und als trüge ihm das Zittern eine Botschaft zu, spürte er plötzlich ganz genau, was Lena fühlte – die Angst, auch hier noch allein gelassen zu werden. So ein tiefer, entsetzlicher Kummer! Patrick konnte es nicht aushalten – er wollte ihr jetzt unbedingt von den Schattenkindern erzählen. Ihr vorschwärmen von der Kühle der Schatten, dem Trost, den er in ihnen empfand, von der Geschwindigkeit und der Freiheit. Er dachte an dieses leichte, beinahe sorglose Gefühl, das ihn erfasste, sobald er ins Dunkel trat, und das alle Schmerzen linderte.

“Hier. Schau. Das ist ein Schattenstein”, sagte er, bevor er dazu kam, darüber nachzudenken, wie verrückt sich das anhören musste. Er hielt ihr den Stein hin.

“Den habe ich doch schon gesehen. Das ist dein Glücksbringer, oder?”

“Viel mehr als nur ein Glücksbringer”, sagte er leise. In seiner Stimme lag ein sanftes Schwingen, so als müsse sie unbedingt überzeugen. “Die Schattenkinder haben ihn mir geschenkt, als ich noch klein war und meine Schwester verloren hatte – ich habe geweint und deshalb konnte ich sie sehen. Wenn ich den Stein festhalte, kann ich mich überall, wo es dunkel ist, blitzschnell bewegen. Es ist, als wäre ich selbst der Schatten. So bin ich auch hergekommen. Vor acht Jahren. Mit den Schattengängern. Ich schaffe es nach London und zurück in einer Nacht."

"Wie bitte?" Lena lachte. Sein Bedürfnis, sie zu trösten, war im gleichen Augenblick verschwunden. "Was für eine super Geschichte, Patrick!"

"Äh ... ich ... ich wollte nur, dass du wieder lachst", sagte er schnell.

"Das hat geklappt", sagte sie heiter, dann aber zog sie nachdenklich die Stirn kraus. "Ist schon okay. Aber du machst nichts Schlimmes nachts da draußen, oder? Ich meine, was Verbotenes oder Gefährliches?" Sie sah ihn bittend an. Patrick schüttelte den Kopf.

"Nein. Ich finde es spannend, nachts im Dunklen unterwegs zu sein, sonst nichts. Verrat mich nicht, okay?"

Lena nickte. Feierlich hielt sie ihm den kleinen Finger hin. Er verstand und sie hakten die Finger ineinander.

"Versprochen!", sagte sie. "Ich verrate dich nicht, Patrick. Niemals!"

Er nickte ihr zu, stand auf und ging zur Tür. Aus dem Augenwinkel sah er noch, wie Lena das Foto ihrer Mutter betrachtete, das sie auf ihren Nachttisch gestellt hatte. Sofort wurde ihr Gesicht wieder ernst und blass und der Stein sandte wieder die dumpfen Wellen aus, die Patrick Lenas Sorgen teilen ließen.

"Irgendwann nehme ich dich mit", sagte er leise.

"Wohin?"

"Ins Dunkel."

Bad Weather

In der Schule wäre er beinahe eingeschlafen und den ganzen Tag über hatte er es kaum erwarten können, dass es Nacht wurde. Doch es war Freitag und die Älteren durften länger aufbleiben. Gero hatte Heike zu einer gemeinsamen Runde Monopoly überredet. Ausgerechnet so etwas Langwieriges.

Alle freuten sich über den verlängerten Abend, doch für Patrick zog sich das Spiel wie Kaugummi. Er kaufte die schlechtesten Straßen und spielte ohne erkennbare Strategie, sodass Heike ihn immer wieder verwundert ansah. Sonst hatte er immer den Ehrgeiz, zu gewinnen.

Kaum hatten sich endlich alle gute Nacht gesagt, hatte Patrick schon den Shadowstone in der Hand und folgte Push und Fade nach draußen.

Diesmal dachte er daran, das Schild an die Klinke seiner Zimmertür zu hängen.

Die Strecke nach England war ihm jetzt so vertraut, dass er sich kaum Mühe geben musste, Fade und Push zu entkommen.

In London angekommen, steuerte er als Erstes wieder Notting Hill an, las dort die Straßenschilder, glitt langsam an den Häuserwänden entlang, immer weiter durch das Viertel. Doch im Schatten waren selbst die kleinsten Bewegungen viel zu schnell und er konnte kaum etwas erkennen.

"I have to walk the normal way. I ca**n't** see **anything**."
"Lost, be **careful**! It's going to rain. There won't be any shadows when the sun **comes up**! We **mustn't** stay **much** longer", rief Push ihm zu.
Doch Patrick hielt abrupt an und steckte den Stein in die Tasche. Seine Hand schmerzte diesmal noch heftiger, als er ihn losließ. Mit einem Satz sprang er ins Licht einer alten Straßenlaterne und stand genau an der Kreuzung, wo er als Vierjähriger nach Elly und seiner Mutter gerufen hatte. Eine ganze Weile ging er ziellos durch die Straßen, die um diese Zeit menschenleer waren, und leuchtete an jedes Straßenschild. Er suchte verbissen und vergaß alles andere, auch Fade und Push. So bemerkte er nicht einmal, wie sich die beiden ohne auf ihn zu warten in den erstbesten Gulli stürzten. Erst als das Pflaster langsam die Farbe wechselte und hellgrau wurde, sah er zum Himmel.
Die Sonne ging auf? Patricks Blick fiel auf seine Armbanduhr. Tatsächlich! Schon halb sechs! Und es waren wirklich dichte Dunstschwaden und Regenwolken über der Stadt zu sehen. Das hellgraue Tageslicht verteilte sich überall. Es gab keinen einzigen Schatten.
"Come on, sun!", flüsterte Patrick und wog nervös den Stein in der Hand. "I have to go home!" Als wolle ihn

---

not anything nichts
careful vorsichtig
comes up aufgeht
mustn't dürfen nicht
much viel

der Himmel verspotten, begann es im gleichen Moment zu regnen. Jetzt war passiert, wovor er sich die ganze Zeit gefürchtet hatte: Er saß hier fest!
Lena, dachte er plötzlich. Sie steht gleich auf und ich bin nicht da!
Er flüchtete sich in den Torbogen einer kleinen Kapelle, setzte sich, lehnte sich mit dem Rücken an den Pfeiler und hätte am liebsten geheult. Erschöpft legte er den Kopf auf die Knie und die Müdigkeit von zwei fast schlaflosen Nächten übermannte ihn augenblicklich. Er schlief ein.

Heike ächzte. Lena und Gero liefen mit jeweils zwei schweren Einkaufsbeuteln hinter ihr her. Sie selbst trug eine Klappbox, die randvoll mit Lebensmitteln war. Es warteten noch etliche Tüten und Körbe im Auto; für sechs Personen einzukaufen war jedes Mal ganz schön viel Arbeit.
"Klopf mal bei Patrick, damit er hilft, das Auto auszuräumen", sagte sie zu Lena. "Und du kannst mir doch sicher auch beim Einräumen helfen? Dann lernst du auch gleich, wo alles hingehört."
Lena nickte, stellte ihren Einkaufsbeutel in den Türrahmen zur Küche und ging zu Patricks Zimmer hinüber. Ihr Blick fiel auf das *Ruhe!*-Schild an der Tür.
"Er schläft bestimmt noch", sagte sie schnell.
"Fauler Sack", fand Gero und wuchtete seine zwei Beutel ächzend auf den Küchentisch. "Ich geh schon, Heike. Lassen wir ihn pennen."

“Dass er bis halb elf schläft, kenne ich gar nicht von ihm. Er war gestern schon so blass und fahrig. Hoffentlich ist er nicht krank”, sagte Heike besorgt, stellte die Kiste vor die Küchenzeile, ging hinüber zu Patricks Zimmer und klopfte laut.

“Patrick? Guten Morgen! Alles okay?”

Nein, dachte Lena noch, doch da hatte Heike die Klinke schon heruntergedrückt. Augenblicklich fuhr sie herum und musterte die Garderobe. Lena begriff, dass Heike solche Vorkommnisse kannte – ein unberührtes Bett vorzufinden und zu sehen, dass die Jacke eines Kindes nicht mehr am Haken hing.

“Patrick?”, rief Heike. Doch es kam kein “Ich bin hier!” aus dem Gemeinschaftsraum oder vom Hof. Sie klopfte nebenan bei Maja und lugte ins Zimmer.

“Hast du Patrick heute schon gesehen?”

“Nö …?”

Schon stürmte Heike an Lena vorbei in den Gemeinschaftsraum, wo Toto Mikado spielte.

“Hast du Patrick gesehen?”

“Isser wesch?”, fragte Toto und riss die Augen weit auf. Er griff sich gleich mit beiden Händen in die Haare. “Wie meine Mama?” Und schon wurden seine Augen nass und noch größer. Auch Lena schluckte. Er hat mir gesagt, dass er nichts Verbotenes oder Gefährliches tut, dachte sie. Wenn das nun nicht stimmt? Dann bin ich auch schuld, wenn ihm was passiert.

Als ob Heike ihre Zweifel spüren konnte, drehte sie sich zu Lena um.

“Weißt du was? Ihr sprecht ja viel miteinander ...”
“Nein”, flüsterte Lena. “Echt nicht.”
“Was’n los?”, fragte Gero, der gerade die zweite Klappbox ins Haus trug.
“Patrick ist weg, ohne Bescheid zu sagen”, rief Heike ihm alarmiert zu.
“So was macht der doch sonst nie”, meinte Gero und kratzte sich nachdenklich die Wange.
“Eben.” Heike fegte an ihnen vorbei zum Ausgang. “Hoffentlich ist ihm nichts passiert.”

In London brach gegen elf endlich die Sonne durch die Wolken. Patrick saß noch immer im Schatten der Kirchenpforte und schlief. Das plötzliche Sonnenlicht kitzelte und er wachte mit einem Schreck auf. Gott, wie spät war es jetzt? Er erhob sich, warf einen skeptischen Blick in den Himmel, fasste nach dem Shadowstone und rannte los. Gerade wollte er nach Westen schwenken, da sah er aus dem Augenwinkel Messing blitzen. War er das etwa? Der Drachenklopfer? Patrick war schon in der nächsten Straße, stoppte aber seinen Lauf abrupt, machte im Schatten noch zwei langsame Schritte zurück und las mit hämmerndem Herzen den Straßennamen. Ja, das war die richtige Straße! Endlich! Nur eine Sekunde später stand er vor seinem Elternhaus. Den Margeritenbaum gab es nicht mehr, stattdessen war da ein Buchsbaumkegel. Die Tür trug frischen, grünen Lack und der Drachenklopfer war auf Hochglanz poliert und funkelte in der Sonne.

Patrick ließ den Stein los. In seiner Handfläche pochte der Schmerz, so als hätte er sich eine schlimme Verletzung zugezogen. Besorgt sah er sich die Hand an. Da war eine Vertiefung, wie eine Druckstelle, die etwas dunkler aussah. In ihr waberten Schatten, einzelne Fäden, wie ein düsteres Netz. Aber es schmerzte, als ob man ihm eine tiefe, blutende Wunde zugefügt hätte. So ... so als fehle ein Teil von ihm.

Eine ganze Weile stand Patrick da und starrte seine Hand und dann wieder das Schild neben dem Türklopfer an. Da war diese Klammer um sein Herz und seine Kehle brannte.

What do I do now?, fragte er sich hektisch. *I can't just* ***knock*** *and say: Hi, I'm back again. They'll ask me where I've been. What can I say? In Germany, in an orphanage? They'll ask me how I* ***got there*** *...*

Seine Hand fuhr in die Tasche und fasste nach dem Stein. Entschlossen betrachtete er das Schattendreieck am Fuß der Eingangstür.

I must ... Ich muss sie sehen!

Er erkannte alles, die Treppe mit den geschnitzten Streben und dem geschwungenen Geländer, die zu den Schlafzimmern in die obere Etage führte, den kleinen alten Sekretär im Flur, auf dem noch immer die Kristallvase stand, die er beim Spielen einmal umge-

---

knock klopfen
got there dahin gekommen bin

worfen und die Elly gerade noch aufgefangen hatte. Da links war das Bad, rechts das große Wohnzimmer mit dem Holzboden, auf dem die Spielzeugautos so toll flitzten. Dahinter, auch auf der linken Seite, stand wie immer die Küchentür offen und Licht fiel von dort in den Flur. Es kam vom Fenster zum begrünten Innenhof.
Eine Gestalt bewegte sich im Licht des Türrahmens zur Küche. Es war noch nicht richtig hell dort und die Tür warf einen breiten Schatten. Patrick glitt in den dunklen Bereich neben dem alten Küchenschrank. Im Fenster stand ein kleines Glas, in dem eine Kerze brannte. Eine junge Frau stand vor dem Kühlschrank und sah hinein. Schließlich schloss sie ihn wieder, ohne etwas herausgenommen zu haben, setzte sich und stierte lange in ihre Teetasse, bis sie endlich einen Schluck trank. Jetzt betrat eine zweite Frau den Raum. Sie hatte halblange Haare und trug Bluejeans und einen dunkelblauen Pullover.
Mum!
Sie sah noch genauso aus, wie Patrick sie in Erinnerung hatte. Er fühlte über dem Herz einen dumpfen, leblosen Druck.
Oh, I've missed them so much!
Seine Mutter lehnte im Türrahmen. Nur ein Schritt und er hätte genau vor ihr gestanden.
"It's the same weather today as it was then", sagte die jüngere Frau. "Rain to sun and back every few minutes."
Patrick kannte die Stimme. Sie war kühl und sachlich.
"Oh, Elly", sagte seine Mutter traurig.

Elly? Sie sah so erwachsen aus. Den ernsten Gesichtsausdruck aber kannte er noch von früher, die zusammengezogenen Brauen, den Mund, der das Lächeln verlernt zu haben schien, und die hellen, großen Augen, die ihr Leuchten verloren hatten. So hatte sie ihn nur einmal angesehen, doch er hatte es nie vergessen – damals, als sie ihm von Dads Auszug erzählt hatte. Sie war jetzt achtzehn und nur noch einen guten Kopf größer als er, und sie hatte ihre Haare wachsen lassen. Das hatte sie sich schon immer gewünscht, Haare bis auf den Rücken. Auch die Vorliebe für Schmetterlinge war geblieben. Patrick stand so nah neben ihr, dass er sehen konnte, dass an ihren Ohrringen zwei silberne Falter baumelten.

"I can't forget, either, **darling**", sagte seine Mutter und wies auf die Kerze im Fenster. "But we have to try **to move on**. It's not good for you to think about it so much. After all this time ..."

"I do try **to keep going**. **The whole of** the rest of the year I try", sagte Elly.

Erst jetzt begriff Patrick, dass seine Schwester nur so streng klang, weil sie nicht weinen wollte.

"Darling ..." Seine Mutter trat neben den Stuhl ihrer Tochter und wollte ihr eine Hand auf die Schulter legen, doch Elly stand auf und ging zum Fenster.

---

darling Liebling
to move on weiterzumachen
to keep going weiterzumachen
the whole of den ganzen

"I'll never **forgive myself**. Never. He must be **dead**", flüsterte sie.
"They say that mothers always know things like that", sagte Patricks Mutter fest. "And I know that, somewhere, he's **alive** and **well**."
"I hope you're right." Elly seufzte tief und setzte sich wieder. "You know I'm not a crybaby, Mum. I never was as a child, either. But do you know why? It was **because of** Patrick. He could always **cheer** me **up** in a **second**, do you remember? I still miss him so much."
Die Augen seiner Schwester glänzten und der Stein begann wieder sanft zu schwingen. Patrick wollte mit Elly sprechen, sie sofort zu sich ins Dunkel holen, wo es aufhörte wehzutun ... Lena fiel ihm ein. Sein Blick ging zur Küchenuhr. In Deutschland war es schon beinahe Mittag. Er spürte keine Angst, aber ihm war klar, dass er diesmal erwischt werden würde.
"Tss ...", zischte da Fade, die plötzlich neben Patrick stand. Diesmal hatten sie anscheinend länger gebraucht, um zu ihn zu finden. "**What a misery**!"

---

will forgive werde vergeben
myself mir
dead tot
alive am Leben
well gesund
because of wegen
cheer up aufmuntern
second Sekunde
what a was für ein
misery Jammerlappen

“**Shut up!** That’s my sister Elly you’re talking about”, erwiderte Patrick scharf.
“You know, sometimes Lost really **reminds me** of our **leader** ...”, zischte Fade Push zu. Er nickte.
Elly fuhr herum. Sie sah genau zu der Stelle neben dem Küchenschrank, wo sich die Schattengänger verbargen.
“Be quiet!”, raunte Patrick. “She’s **almost** crying. She might see us.”
“Pah – adults don’t believe in us!”, sagte Fade.
“She’s still young”, flüsterte Push. “We’d better go.”
Schnell wischten alle drei durch den Schlagschatten des Türblattes.
“What was that **whispering**?”, fragte Elly verwundert.
“Did you hear something? I hope there aren’t mice behind the cupboard”, gab Nora Gardner zurück.
“I **swear** I **heard** a **familiar voice** say my name”, flüsterte Elly. “Am I going crazy?”

Shut up! Halt die Klappe!
reminds me erinnert mich
leader Anführer
almost fast
whispering Geflüster
swear schwöre
heard habe gehört
familiar vertraute
voice Stimme

Lonely

Das Sonnenhaus war immer noch in Alarmstimmung. Heike hatte Lena inzwischen sicher zehnmal gefragt, ob sie irgendetwas wisse, doch die hatte immer nur den Kopf geschüttelt. Kein Wort wäre über ihre Lippen gekommen, sie hatte schließlich versprochen, dass sie Patrick nicht verraten würde. Dabei war sie sich völlig sicher, dass er wieder die ganze Nacht weg gewesen war. Aber wo steckte er jetzt nur? Heike bat Gero und Maja, die Gegend rund um das Sonnenhaus abzusuchen. Nach Einbruch der Dunkelheit, hatte sie eben verkündet, müsse sie die Polizei verständigen.
Am Tag zuvor hatte ein Mitarbeiter des Jugendamtes Lenas restliche Sachen und den Laptop gebracht und gerade richtete der Hausvater des Haupthauses die Internetverbindung des Notebooks ein. Sobald es online geschaltet war, verschwand Lena in ihr Zimmer. Sofort öffnete sie ihr E-Mail-Programm, das auch gleich brav ihre Post abholte.
Johanna.Warnke@web123.es, las sie. Eine Mail von ihrer Oma.

Liebe Lena,
geht es Dir gut? Gestern habe ich noch mal mit dem Jugendamt telefoniert, sie sagen, Du kannst bei der

---

lonely einsam

Wohngruppe bleiben, bis Anna wieder gesund ist, wenn es sein muss. Kannst du es dort aushalten und sind alle freundlich zu dir? Halt schön die Ohren steif und hab keine Angst. Deine Mutter ist zäh, sie schafft das! Sobald meine Rente kommt, nehme ich den nächsten Flug, ich verspreche es! Schreib mir bitte bald, damit ich mir keine Sorgen um dich machen muss. Liebe Grüße.
HDGDL Oma

Schon schwammen Lenas Augen wieder in Tränen. Am liebsten hätte sie sich richtig ausgeweint, aber sie schluckte tapfer. Wie machte Mama das immer, wenn sie Kummer hatte? Sie versuchte, ihrer Oma nur die guten Dinge zu sagen, damit sie sich nicht sorgte. Lena riss sich zusammen und schrieb zurück:

Liebe Oma,
es ist ganz gut hier. Mein Zimmer ist sogar ein bisschen größer als das zu Hause und ich durfte alles mit herbringen, was ich wollte. Eine Buslinie fährt gleich am Haupthaus vorbei und die Schule ist näher, ich kann also ein bisschen länger schlafen.
Heute habe ich beim Einkaufen geholfen und durfte mir für einen Tag wünschen, was gekocht wird. Und zusammen Essen zu kochen macht richtig Spaß. Wenn Mama wieder da ist, kann ich vielleicht auch mal das Kochen übernehmen. Alle geben sich Mühe, dass ich mich wohlfühle, und versuchen mich aufzuheitern. Nur dass ich Mama nicht besuchen kann, finde ich furchtbar, aber ich sehe ein, dass das einfach

nicht geht. Die Gruppenleiterin hat mit mir lange darüber gesprochen und es mir erklärt. Sie heißt Heike und ist wirklich supernett. Ich mag auch die anderen Kinder, vor allem einen der Jungen. Mit ihm konnte ich gleich über alles reden. Er ist so was wie mein persönlicher Betreuer, und wenn ich etwas wissen muss oder Hilfe brauche, kann ich ihn immer fragen.

Sie hielt inne ... *kann ich ihn immer fragen*, las sie ihre eigenen Worte. Von wegen ... Verdammt! Patrick, wo bist du? Wo? Es brannte in Lenas Kehle.
“Blöde Heulerei!”, schimpfte sie, doch sie musste schon wieder schluchzen.
“Hier drüben!”, zischte es da aus der Zimmerecke.
Lena erschrak. Etwas klackerte leise und ein Stein glitt über den Fußboden auf sie zu. Sie kam nicht dazu, sich über die Augen zu wischen, deutlich sah sie eine düstere Jungengestalt im Schatten stehen.
Der Junge war ein bisschen größer als Patrick und sah ... wie eine Negativaufnahme auf einem Foto aus. Sein Körper war schwarz, seine Haare und seine Umrisse wirkten wie mit dünner dunkelgrauer Kreide auf die Wand gezeichnet. Er wies auf den Stein.
“Das ist ein ganz besonderes Geschenk. Ein Schattenstein. Er gestattet dir, in die Schatten einzutreten. Nimm ihn. Dann kannst du aufhören zu weinen. Versuche es! Willst du?”
Irgendwie klang die Art, wie der Junge sprach, seltsam altmodisch.

In die Schatten? Hatte nicht Patrick genau das Gleiche gesagt?
“Wer bist du?”, fragte Lena ängstlich.
“Mein Name ist Frost. Nimm den Stein in die Hand, sonst kannst du mich nicht mehr sehen, sobald du aufhörst zu weinen!”
Lena bückte sich nach dem Stein und hob ihn auf. Er sah genauso aus wie Patricks Glücksbringer.
... nicht nur ein Glücksbringer, hörte sie ihn sagen. *Das ist ein Schattenstein. Ich bin in einer Nacht nach London und wieder zurück gelaufen.*
“Er hat die Wahrheit gesagt”, hauchte sie verblüfft.
“Von wem sprichst du?”, fragte der Junge.
“Patrick. Er sagte, dass er durch die Schatten gehen kann.”
“Ja, das ist wahr!” Der Junge nickte. “Wenn man einen Schattenstein besitzt, ist man wirklich in der Lage dazu. Komm hier herüber. Dann zeige ich es dir.” Er klang sanft und ganz leichtherzig, so als gäbe es keine Sorgen.
Doch Lena schüttelte den Kopf.
“Es tut mir leid, aber ich kann hier nicht weg.
Meine Mutter liegt im Krankenhaus. Wenn sie aufwacht, muss ich da sein.”
“Warum bis dahin warten? Der Stein kann dich in wenigen Augenblicken zu ihr bringen.”
Lena schüttelte den Kopf.
“Kinder dürfen nicht auf die Intensivstation, das ist verboten. Die Patienten dort sind sehr krank und man darf sie nicht stören.”

"Wir könnten es heimlich tun." Der Junge hatte ein leises Lachen in der Stimme. "Im Schatten kann niemand uns entdecken. Du könntest nach ihr sehen. Komm hinein, es sind nur ein paar Schritte."
Die Versuchung war groß, auch wenn Heike ihr gesagt hatte, dass es sie sicher noch trauriger und ängstlicher machen würde, wenn sie ihre Mutter so sähe. Ihre Vorstellung von der Intensivstation war schon schlimm genug ... weiße Wände, Schläuche, überall Maschinen ... Das hatte sie immer vor Augen, kurz bevor sie weinen musste.
"Kennst du Patrick?", fragte Lena schnell, um sich von den Horrorbildern abzulenken.
"Vielleicht", sagte der Junge. "Wie ist sein Schattenname?"
"Sein Schattenname? Was ist das?"
"Unsere Namen haben etwas mit unserer Geschichte zu tun. Weshalb kam er zu uns, weißt du das?"
"Er hat seine Schwester auf einem Jahrmarkt verloren und sich verlaufen. Wahrscheinlich kommt er aus England."
"Ah, dann meinst du bestimmt Lost. Ehe er mir vorgestellt wird, muss er ganz zu uns ..." Der Junge unterbrach sich und machte eine wegwerfende Geste. "Nun, wie auch immer. Ich habe von ihm gehört, aber noch nicht mit ihm gesprochen. Er soll sehr schnell sein. Allerdings wundert es mich, dass er dir von uns erzählt hat, aber dich noch nicht gebeten hat, ihn zu begleiten, wo du so traurig bist. Er weiß, dass die Traurigkeit im Dunkel vergeht."

Irgendwann nehme ich dich mit ... ins Dunkel.
“Doch”, widersprach Lena, “er hat schon einmal gesagt, dass er mir eure Welt zeigen will, aber ich habe seine Geschichte nicht geglaubt. Er hat so etwas Ähnliches gesagt wie du. Was ist damit gemeint, dass dort der Kummer ... *vergeht?*”, fragte Lena.
Der Junge schien verwundert und ließ ratlos die Arme sinken. “Dass man in unserem Reich keinen Kummer mehr spürt. Deshalb wissen wir, dass es richtig ist, traurige und verzweifelte Kinder zu uns zu holen. Die Welt im Licht ist grausam zu Kindern. Doch hier existiert keine Angst und kein Leid. Die Finsternis beschützt und verbirgt uns. Im Licht werden Kinder vergessen, die Erwachsenen merken nicht, dass wir Angst haben oder Schmerzen. Im Schatten geht das vorüber und sie finden uns nicht mehr! Ich lebe schon lange im Schatten, und in meinem Reich, im Dunkel, gibt es keinen Kummer.”
“Du bist der Anführer?”
Frost nickte stolz.
“Ja, ich bin der Schnellste der Schattengänger. Wer auch immer versucht hat, gegen mich zu anzutreten, hat es nicht geschafft, mich zu schlagen. Deshalb müssen alle anderen mir gehorchen.”
“Vielleicht kann ich dich besiegen. Ich bin auch ziemlich schnell”, sagte Lena.
“Wirklich? Dann komm doch! Ich warte seit Ewigkeiten auf würdige Gegner!” Gerade in diesem Augenblick schob sich eine Wolke langsam vor die Sonne. Frost

hob den Kopf. "Liebe Einsam, wir sehen uns wieder, aber entschuldige mich jetzt bitte."
"Wieso nennst du mich Einsam?"
"Weil du einsam bist. Aber es gibt jemanden, der sich immer um dich kümmern wird! Der Schattenstein wird mich an dich binden, ich weiche dir nicht von der Seite. Lass mich dir helfen! Nimm den Stein und komm in den Schatten, wann immer du möchtest. Ich werde da sein."
Und schon war der Junge verschwunden.

"Lost!", rief Fade Patrick nach, als er unter der Haustür durchwischte und übergangslos die schmalen Schatten neben der Häuserflucht entlanghastete. "This is too dangerous. It's almost **noon**! The shadows are too **few and far between**, and they **don't last** long enough! We can't come with you."
"But I have to go home. Heike will call the police if I stay away any longer."
Die Schattenkinder zuckten die Achseln.
Patrick sah sich nicht noch einmal nach ihnen um. Er glitt durch die Gassen, so rasch er konnte. Aber er legte die Strecke nicht so schnell wie sonst zurück. Immer wieder bremste er seinen Lauf abrupt, musste Haken schlagen, den leuchtenden Punkt auf dem Stein beob-

---

noon Mittag
few and far between rar
don't last halten nicht

achten und unter Autos flüchten. Jede Einfahrt, durch die das Tageslicht drang, jedes Feld in vollem Sonnenlicht, jedes Blätterdach, durch das goldene Strahlen blitzten, hielt ihn auf.

Am Meer wurde es besonders schlimm. Er schlüpfte einen schmalen Grat auf der Rückseite des Deichs entlang und drohte dabei ständig ins Licht zu fallen. Es war ein fast vier Stunden dauernder Kampf mit dem Licht. In Deutschland angekommen, stellte er erleichtert fest, dass die Schatten langsam länger wurden. Hamburgs hohe Häuserfluchten tauchten die Bürgersteige in tiefstes Dunkel.

Es war halb drei, als er endlich den Hof des Sonnenhauses erreichte. Vorsichtig balancierte er durch die dürren Schatten der Sträucher und Bäume und dann am schmalen dunklen Streifen entlang, den das überhängende Dach auf das Haus warf, als Lena aus der Hintertür trat, durch die er hatte ins Gebäude schlüpfen wollen. Noch in Schattengestalt, sah er sie schon mit vorwurfsvoller Miene geradewegs auf sich zukommen. Sie sah ihm direkt ins Gesicht.

Was? Konnte sie ihn etwa sehen? Er hätte beinahe vor Schreck aufgeschrien, als sie nach ihm griff und sich ihre Finger in samtweiches Schwarz wandelten. Blitzschnell packte sie seinen Arm und zog ihn ins Licht. Dann öffnete sie die linke Hand und zeigte ihm ihren Stein.

Im gleichen Moment, als Lena ihn aus dem Schatten zog, traf Patrick alles, was er in London erfahren hatte, mit voller Wucht. Etwas in seinem Inneren klirrte, so als bräche Glas, und Tränen schossen in seine Augen. Elly glaubte, er sei tot! Und sie meinte, sie sei daran schuld. Seine Familie war ihm zum Greifen nah gewesen und er hatte dort im Schatten gestanden und nur hilflos zugehört.

Aber was hätte er sagen sollen? Seine Mum würde die Polizei rufen und die würde ihm tausend Fragen stellen. Fragen, die er nicht beantworten konnte ... Am liebsten wäre er sofort wieder ins Dunkel geflohen.

Er begann zu zittern und löste mühsam die Finger von seinem Stein. Um ihn aus dem schwarzen Netz in der Vertiefung zu ziehen, musste er die andere Hand zu Hilfe nehmen und an ihm zerren wie an einem widerspenstigen Pflaster. Er keuchte, holte ein paarmal tief Luft und schluckte mehrmals, um nicht zu schreien. Irritiert sah Lena ihn an. Er schob den Stein in die Tasche seiner Jacke.

"Du weinst ja", sagte sie verwundert. "Mein Schattenstein ... er vibriert in meiner Hand, ich kann es spüren. Was ist passiert?"

"Meine Schwester ... meine Mutter ... Sie denken, ich sei tot." Patrick wischte sich über die Augen und schüttelte den Kopf. "Woher hast du einen Schattenstein?", fragte er schnell.

"Von einem Jungen. Er heißt Frost."

Sie packte sein Handgelenk und drehte seine Handfläche nach oben. Es war, als hätte sich das Abbild des Schattensteins tief in seine Handfläche geprägt. In der

dunklen Vertiefung schienen dünne Fäden durcheinanderzuwabern.
“Es tut dir weh, ihn loszulassen! Was hat das ...”
“PATRICK!”
Sie zuckten zusammen. Heike kam über den Hof auf sie zu. “Wo um Himmels willen warst du?”
“Ich habe keinen Ton gesagt, wo du sein könntest, und sie weiß auch nicht, dass du die ganze Nacht weg warst. Denk dir was aus”, flüsterte Lena.
Ungehalten wies Heike aufs Haus. “Geh bitte in dein Zimmer, Lena. Und du: in mein Büro!”

“Ich bin nur ein bisschen rumgelaufen. Ich wollte mal allein sein. Hab vergessen, dir einen Zettel hinzulegen”, hatte Patrick herausgebracht. Die Woge von Enttäuschung und hilflosen Fragen – “Du weißt doch, dass ich beinahe umkomme vor Angst, wenn einer von euch ausreißt” bis “Was ist denn nur mit dir los?” –, die dieser zugegebenermaßen läppischen Erklärung folgte, war einfach über Patrick hinweggerauscht. Er wollte nur noch zurück nach London, nach Hause. Lieber wollte er den Rest seines Lebens in einer düsteren Ecke seines Elternhauses verbringen, als noch länger in Heikes Büro sitzen und sich ihre Vorwürfe anhören müssen. Der Stein wartete in seiner Hosentasche. Es war doch so leicht. Ihn packen, aufstehen, einen Schritt in den Schatten tun und einfach verschwinden. Für immer. Schon tastete sich seine Hand fast wie von selbst hinunter zu der Erhebung in der Hosentasche.

“Ich merke doch, dass etwas anderes dahintersteckt. Ich wusste schon immer, wenn du traurig bist, auch wenn du es nie zeigst. Sprich mit mir!”, forderte Heike jetzt. “Ich kann dir bestimmt helfen.”
Dass ich nicht lache, dachte Patrick. Immer hatten alle Erwachsenen behauptet, ihm helfen zu wollen. All die Polizisten, die Leute vom Jugendamt, Heike. Dabei hatten sie sich nicht einmal richtig bemüht. Hatte die deutsche Polizei denn nie versucht, im Ausland nachzuforschen?
“Werden die Daten von vermissten Kindern eigentlich nicht ausgetauscht? Zwischen Deutschland und anderen Ländern?”, fragte er unvermittelt.
“Was?”, sagte Heike verblüfft. “Doch. Wenn man weiß, woher jemand kommt, ganz bestimmt.”
“Und wenn man es nicht weiß?”
“Ah, daher weht der Wind”, begriff Heike. “Patrick, in deinem Fall hat Interpol in jedem englischsprachigen Land nachgefragt. In Großbritannien und Kanada ist nichts herausgekommen. Und die USA haben nicht mal eine zentrale Kartei der vermissten Kinder. Und du wusstest nicht, ob du mit einem Flugzeug, mit der Fähre, dem Auto oder dem Zug hergekommen bist. Genauso wenig konnte man herausfinden, was man dir angetan hat und warum du weggelaufen bist!”
“Mir hat niemand was angetan. Elly konnte nichts dafür – es war meine Schuld. Meine!”, schrie er. Er ballte die linke Hand zur Faust. Sie brannte noch immer.
“Patrick ...”, sagte Heike entgeistert und bemühte sich,

ruhig zu bleiben. Sie hatte ihn noch nie so aufgelöst erlebt. “Wo auch immer du herkommst, auch das Sonnenhaus ist dein Zuhause. Toto und Lena haben stundenlang geheult. Deinetwegen.”

“Dann weißt du ja, wie es meiner richtigen Familie geht, seit ich weg bin!”

“Ja!”, schrie Heike ihn unvermittelt an. “Das weiß ich tatsächlich! Ich hab dich nämlich lieb! Mir solche Angst zu machen, war hundsgemein!” Sie holte tief Luft. “Entschuldige. Ich bin sauer und enttäuscht. Wir kühlen uns besser erst mal ab, ja?”

Plötzlich hatte Patrick die Kühle in der Stimme, die er von seiner Schwester kannte.

“Von mir aus”, sagte er und stand auf.

Lena hatte auf dem Flur gewartet. Sie saß auf der weißen Bank vor Heikes Büro und sah auf, als er aus dem Zimmer stiefelte. Sie hatte wieder diesen entschlossenen, zielgerichteten Blick wie beim Laufen, und Patrick wusste schon deswegen genau, was sie wollte und dass sie mit Sicherheit keine Ruhe geben würde, bis er ihr alles erzählt hatte.

Stumm zeigte er auf seine Zimmertür. Sie gingen schweigend hinein und setzten sich nebeneinander aufs Bett.

“Also los, sag schon, was passiert ist. Und lüg mich ja nicht an!”

“Okay”, begann Patrick. “Ich war im Schatten und hab meine Familie gesucht. Es fing an zu regnen und ich

konnte nicht pünktlich zurück sein, aber ich weiß jetzt, wer ich bin. Mein Nachname ist Gardner, ich habe nicht nächste Woche, sondern am 9. Juni Geburtstag, und ich bin aus London. Ich habe meine Familie gefunden und ... sie glauben, dass ich tot bin."
"Aber die Daten müssten doch reichen, um bei der Polizei in London nachzufragen."
"Was soll ich denn sagen, wieso mir das jetzt plötzlich alles einfällt?", gab Patrick verzweifelt zurück. "Die Geschichte mit den Schatten glaubt mir doch kein Mensch!"
"Du kannst es doch beweisen!", sagte Lena. "Du brauchst einfach nur den Stein in die Hand zu nehmen und im Dunkeln zu verschwinden."
"Was glaubst du, was passiert, wenn ich Erwachsenen das Schattenreich zeige?! Sie werden den Schattengängern Wissenschaftler auf den Hals hetzen. Vielleicht finden sie Möglichkeiten, sie zu fangen. Ich kann den Kummer von jedem einzelnen hier fühlen! Und wer ist schuld daran? Die Erwachsenen! Im Dunkel sind wir vor ihnen sicher!"
"Du klingst genau wie Frost, Patrick!"
"Ja, und? Er lügt nicht! Dort hat man keine Angst, man kann tun, was einem Spaß macht, und keiner tut einem weh. Die Schattengänger meinen es gut mit uns."
"Bist du sicher?" Lena zeigte auf Patricks verletzte Hand.
Es klopfte. Schnell ließ sie ihren Stein in der Hosentasche verschwinden.

Heike kam herein. Sie sah ernst aus und noch immer ein bisschen blass.
"Es tut mir leid, dass ich gebrüllt habe." Sie machte eine kurze Pause. Patrick wusste genau, dass er jetzt eigentlich an der Reihe war, sich zu entschuldigen, aber er schwieg verstockt. "Wenn dir deine Erinnerungen zu schaffen machen, verstehe ich das, okay?", fuhr sie fort. "Und wenn du allein sein möchtest, um darüber nachzudenken, dann sag einfach beim nächsten Mal Bescheid, wo du hingehst und wann du wieder da bist, ja?"
"Okay", erwiderte er kühl.
"Fernsehzeit, wollte ich noch sagen", setzte Heike traurig hinzu.
Toto und Gero hatten keine Lust zum Fernsehen und verzogen sich in ihre Zimmer, und auch Maja verkündete, sie kenne den Film schon, der lief.
"*Notting Hill*!", sagte Lena, als sie einen Blick in die Programmzeitung warf.
"Na toll, da war ich heute schon", brummte Patrick. Trotzdem blieben sie auf dem Sofa sitzen. Lena kuschelte sich in die warme Wolldecke, die dort lag.
"Das ist das Stadtviertel, wo meine Familie wohnt", flüsterte Patrick. "Ich kenne dort jetzt jede Ecke! Siehst du?" Er wies auf den Bildschirm. "Wenn man da links langgeht, dann ist man in der Straße, wo das Fest war, als ich Elly weggelaufen bin. Meine Familie wohnt ganz in der Nähe."
Lena legte ihre Hand auf seine Finger und sah ihn an. Er spürte, wie seine Wunde brannte.

"Bleib heute Nacht hier. Bitte", sagte sie.
Patrick nickte.
"Ich habe gar keine Wahl, so müde wie ich bin."

Patrick zog sich die Decke über den Kopf. Fade, Push und Frost standen nebeneinander an der Stirnwand neben dem Schreibtisch.
"What's he doing?", fragte Fade verwundert.
"He **hasn't changed** yet", antwortete Frost mürrisch.
"He has to sleep when he's been running around in the daylight. **Have** you **forgotten** about sleeping?"
"I didn't sleep very **often**, even then. I had to work too much", erinnerte sich Fade. "That was why I **got** ill and **was fading away** and **nearly died**, when the shadowwalkers came and saved me."
"I **used to get exhausted,** too", stimmte Push zu. Wie immer, wenn sie über ihre Vergangenheit sprachen, klang es unbeteiligt. "I had to work very hard in the **slaughterhouse**. I did everything I was told, but the adults were **cruel** to me anyway, and everybody pushed

---

hasn't changed hat sich nicht verändert
have forgotten hast vergessen
often oft
got geworden bin
was fading away dahinschwand
nearly beinahe
died gestorben bin
used to get war oft
exhausted erschöpft
slaughterhouse Schlachthof
cruel grausam

me around. I gave them no reason to. But I remember the pain."

"**So do I**", sagte Fade. "You often **cut** your hands on the big **knives**, and you **had** lots of **scars**. They were all over you, like **tattoos**."

Frost hatte wie meistens nicht richtig zugehört und derweil gelassen auf Patricks Bettdecke gesehen, die sich langsam hob und senkte.

Nebenan waren leise Schritte zu hören. Lena fand offensichtlich noch keinen Schlaf. Fade zog misstrauisch die Brauen zusammen.

"So, **what about** the girl?"

"She asked a lot of questions. It's not easy to **convince** her."

"What are they waiting for?", fragte sich Fade. "His family thinks he's dead. And her mother **will leave** her. They're all **alone**."

"Well, I'm not sure about that", gab Frost zu. "In a few days the doctor will try to **wake** Lonely's mother.

So do I. Ich auch.
cut hast geschnitten
knives Messern
had hattest
scars Narben
tattoos Tätowierungen
what about was ist mit
convince überzeugen
will leave wird verlassen
alone allein
wake wecken

They're just keeping her asleep because otherwise the pain would **kill** her. Lonely loves her mother very much. She was very nice to her."
"Nice?", fragte Fade erstaunt. "Push, are there really adults who are *nice* to children?"
"Don't ask me. My parents died, and the neighbours **sold** me to the **butcher**. I was five years old. I don't remember anything before the slaughterhouse."
"Well", sagte Frost nüchtern, "my mother never did anything wrong. It was my father who **sent** me **out** into the **cold without** a coat." Er lachte bitter. "But one day I was running through our church when my parents came in to **pray**. They talked to the **priest**, and I listened. My father **explained** what really happened the night I **went** into the shadows. It was a **kind** of **misunderstanding** ... They both cried a lot, and I realized that they loved me. **After that** I stayed close to them a lot of the time, like Lost. I lived in our cellar. I watched

---

kill töten
sold haben verkauft
butcher Metzger
sent out hinausgeschickt hat
cold Kälte
without ohne
pray beten
priest Priester
explained hat erklärt
went gegangen bin
kind Art
misunderstanding Missverständnis
after that danach

them **grow** old, until **finally** they were gone **forever**. I listened to them a lot. They talked about me every day, and about how sad they were that I was gone. I always **wished** that I could come out of the shadows and show them that I was still alive."
"You wanted to go back into the light?", fragte Fade verwundert. Dann kniff sie die Brauen zusammen. "Will Lost and Lonely **choose** to stay there?"
Beide Schattenjungen hoben die Schultern. Plötzlich verengten sich Fades Augen zu schmalen Schlitzen.
"I want them!", zischte sie. "Racing with Lost is fun. We need playmates, too. **The more the better**!"
"And I want Lonely to come with us", sagte Frost. "She's the **smartest** girl I've ever met!"
"**Time is on our side**", warf Push ein. "Lost has already started to change. I'm sure he'll come to us very soon. Just two or three more **races** and he'll be one of us. Forever."

Lena konnte nicht schlafen. Sie saß nun schon seit Ewigkeiten auf der Bettkante und starrte den Stein an.

---

grow werden
finally schließlich
forever für immer
wished habe mir gewünscht
choose wählen
The more the better. Je mehr desto besser.
smartest schlauste
Time is on our side. Die Zeit arbeitet für uns.
races Rennen

Sich blitzschnell bewegen? Kein Kummer mehr? Das hörte sich völlig irre an, als stünde es in einem seltsamen Buch über noch seltsamere Dinge. Dennoch konnte sie kaum die Augen von seinem matten Glanz nehmen. Die Versuchung, ihn einfach auszuprobieren, war groß.

In ihrem Zimmer war es jetzt stockfinster und es schien ihr noch fremder als tagsüber. Sie seufzte und setzte sich an ihren PC.

Eigentlich wollte sie ihrer Großmutter schreiben, sie vielleicht sogar um Rat fragen. Ihr Blick fiel auf die Signatur unter der letzten Mail ihrer Oma. "Von allen Lösungen ist die einfachste die wahrscheinlichste." Sie hatte den Spruch schon oft gelesen, ihre Mutter hatte ihn sogar gleich übernommen, weil er ihr so gut gefiel. Eigentlich stimmte das wirklich. Das Einfachste wäre ... der Polizei in London Patricks Daten zu übermitteln. Und am besten gleich ein Gruppenfoto mitzuschicken? Patrick hatte Notting Hill im Fernsehen erkannt und sich an ein Straßenfest erinnert. Und dass einem dabei ein Name, vor allem der eigene, nach Jahren wieder einfiel ... Konnte das nicht einfach passieren? So wie bei Leuten mit Gedächtnisschwund?

Lena hörte Geräusche auf dem Flur. Ob Heike noch auf war?

Schnell sprang sie auf und rannte zur Tür. Tatsächlich war Heike gerade in der Küche und machte sich einen Tee. Sie wirkte sehr nachdenklich, lächelte aber und winkte Lena zu sich.

“Kannst du nicht schlafen?”
Lena schüttelte den Kopf. “Wegen Patrick”, gab sie zu. “Ich kenne ihn ja noch nicht lange, aber ich habe richtig Angst um ihn gehabt und ich frage mich, wie ich ihm helfen kann.”
“Ich auch.” Heike sah in ihren Teebecher.
“Sag mal, habt ihr ein Gruppenfoto?”, fragte Lena schließlich. “Als Datei?”
“Klar. Auf dem PC im Gemeinschaftsraum. Unter ‘Eigene Bilder’. Es ist ganz neu, von einem Ausflug ins Wikingerdorf im März.”
“Darf ich das an eine E-Mail hängen und weiterleiten? Meine Oma wollte gerne wissen, wie es hier so ist und mit wem ich zusammen bin.”
“Na klar. Aber wenn du das erledigt hast, gehst du ins Bett, ja? Es ist schon nach zehn.”
“Ist gut”, versprach Lena.

Den PC im Gemeinschaftsraum benutzte Lena nur, um eine E-Mail an sich selbst zu schicken. Danach ging sie in ihr Zimmer hinüber, holte die Mail ab, öffnete den Internetbrowser und gab “London Police” in die Suchmaschine ein.
Sie hatte nicht zu hoffen gewagt, dass es klappen würde, stellte aber überrascht fest, dass sie wirklich eine E-Mail an diese zentrale Polizei-Adresse schicken konnte.
Hoffentlich reichte ihr Englisch, um sich einigermaßen verständlich auszudrücken.

Dear Sirs, schrieb sie.
My name is Lena Warnke. I'm living in an orphanage in Hamburg, Germany. Here I met Patrick, a twelve-year-old boy. He came here on the 19th of August in 2002. I know that because our house mother told me it's the day when he was found. Nobody could find out where he came from, but he was speaking English.
While *watching TV tonight, he remembered a street corner and a street party in the London area Notting Hill, where he ran away from his big sister. Her name was Elly. And he suddenly also knew that his family name was Gardner.*
I know that this is not very much information. But perhaps you **are able to** *find his parents. I am sending you a photo that shows how he looks today. He is the* **second** *boy on the left.*
Please **excuse** *my mistakes.*
Kind regards *and thank you very much,*
Lena Warnke

Lena überlegte. Und wenn die Polizei in London nun dachte, die Mail wäre ein blöder Kinderstreich?
Schnell tippte sie noch hinzu:

Dear Sirs Sehr geehrte Damen und Herren
while während
are able to können
second zweite
excuse entschuldigen Sie
kind regards mit freundlichen Grüßen

P.S. This letter is not a joke! Call Heike Heller, who is the house mother of my ***group****, and ask her about Patrick. PLEASE!*

Schnell tippte sie noch die Adresse des Sonnenhauses und Heikes Telefon- und Faxnummer darunter. Sie hatte ziemlich oft in ihrem Wörterbuch blättern müssen, aber als sie sich einigermaßen sicher war, dass man verstehen konnte, worum es ging, nahm sie ihren Mut zusammen und schickte die Mail ab. Als sie müde ins Bett kroch, legte sie den Schattenstein ohne jedes Bedauern auf ihren Nachttisch. Sie fühlte sich plötzlich ganz leicht und zufrieden. Irgendetwas sagte ihr, dass sie genau das Richtige getan hatte.

---

group Gruppe

Out of the Dark

PATRICK!”
Etwas verfolgte ihn, da waren lange dunkle Hände, die nach ihm griffen. Seine Schwester stand vor ihm unter den bunten Lichtern eines Karussells.
Er wollte zu ihr in das bunt strahlende Licht, doch die Grenze zwischen Helligkeit und Schatten stieß ihn zurück wie eine Gummiwand.
“Elly!”, schrie er verzweifelt. “Elly! I’m over here. Over here. In the shadows. **Get** me out of here!”
Plötzlich versteinerte Ellys Gesicht. “I don’t know you, and Mum said I shouldn’t talk to strangers. What’s your name?”, fragte sie.
“I’m ...”
Patrick wollte seinen Namen sagen, doch er kannte ihn nicht. Er hatte ihn vergessen. Elly verschwand und um ihn her war nichts als Dunkelheit. Er stolperte rückwärts und ließ sich auf den eiskalten Boden fallen, der sich in die Treppe eines alten, düsteren Backsteinhauses verwandelte.
“I’m lost. Oh no – I’m LOST!”

Er schrak hoch und setzte sich kerzengerade im Bett auf. Seine Augen waren nass von Tränen. Sein Herz schlug so schnell, dass es schmerzte.

---

get hol

Ich muss nach London, dachte er. *Ich muss mit Elly sprechen. Sie ist meine große Schwester. Sie wird mir glauben und vielleicht weiß sie eine Lösung. Wir können Mum sagen, dass wir uns im Internet begegnet sind ... oder irgendetwas ...*
Er sah den Schattenstein an. Harmlos, matt im Mondlicht schimmernd, lag er auf dem Schreibtisch und wartete. Patrick dachte an die Schmerzen. Es hatte sich angefühlt, als klammere sich der Stein an seiner Haut fest, als er versucht hatte, ihn aus der Hand zu legen. Der Schmerz war über Nacht einem dumpfen Druck gewichen. Die Wunde sah nun aus wie ein blauer Fleck. Es war zehn nach zwölf. Zwei Stunden hin, mit Elly sprechen, zwei Stunden zurück. Es musste doch möglich sein, Fade und Push loszuwerden, wenn er schnell genug rannte. Nur für ein paar Minuten. Um Elly seine Mail-Adresse zu geben und ihr alles zu erklären.

"Woah!", kommentierte Frost, als Patrick an der Außenmauer des Sonnenhauses vorbeischoss. "Looks as if Lost **is training** for the big race."
Fade und Push rannten los und Frost folgte ihnen eine Weile grinsend. Ja, Lost war schnell, sehr schnell sogar, und er ließ Fade und Push vollkommen chancenlos hinter sich. Er hingegen holte die beiden ohne Mühe ein und blieb Patrick mit etwas Abstand auf den Fersen. Kurz vor dem Ärmelkanal aber ließ er Fade und Push

---

is training trainiert

vorbeiziehen. Die Sonne ging in nur drei Stunden auf und es war ihm ohnehin lieber, wenn das Rennen um die Herrschaft auf seinem Gebiet stattfand.

Patrick hatte Notting Hill erreicht, flitzte durch das gekippte Wohnzimmerfenster seines Elternhauses und die Treppe hinauf. Er glitt unter Ellys Zimmertüre hindurch und hielt an ihrem Bett. Sie hatte ihre Nachttischlampe eingeschaltet und neben ihrem Kopf lag ein Buch, das herunterzufallen drohte. Anscheinend war sie beim Lesen eingeschlafen. Unwillkürlich musste Patrick lächeln. Das war ihm auch schon oft passiert. Er betrachte lange das Gesicht seiner Schwester. Sie sah jetzt ganz friedlich aus.
Schnell hielt er die Hand mit dem Stein in den Kegel des Nachtlichts und öffnete sie. Das war schwer, denn der Schattenstein war tief in seine Handfläche eingesunken. Im Dunklen war er kaum noch von der Haut zu unterscheiden, und als er jetzt mit den Fingern der anderen Hand darüberstrich, fühlte sich die Oberfläche so glatt und warm an wie der Rest seines Körpers. Er war bedeckt von schwarzen Schattenfäden und ließ sich kaum greifen.
"What the heck ..."
"Don't worry. It just means that the shadowstone will be all yours very soon", sagte Push hinter ihm. Seine Stimme klang jetzt überhaupt nicht kieksig, sondern voll

---

what the heck was zum Kuckuck

und dunkel, fast wie die eines Erwachsenen. “It will fall **off** if you find a sad child, and then you can give it away.”
“**Leave me alone**!”, forderte Patrick schwach. “I want to talk to my sister. I have to **let** her **know** that I’m still alive. She feels so **guilty** because of me.”
“We’re not **responsible** for *adults*”, sagte Fade abfällig.
“But ...”
“And we can’t leave you. We are your family now, and more **bound** to you than anybody **else**”, fügte Push nachdrücklich hinzu.
Patrick fühlte sich plötzlich seltsam schwach und musste sich mit aller Kraft auf das konzentrieren, was Push sagte. Pushs Stimme war wie eine einlullende Melodie, die seine Gedanken verlangsamte.
“She is family too”, widersprach Patrick und beließ die Hand mit dem Stein im Licht der Nachttischlampe. Er musste seine ganze Kraft aufbieten, um den Stein aus der Vertiefung zu holen. Seine Handfläche pochte und schmerzte fürchterlich. Als er den Stein endlich befreit hatte und in seine Hosentasche stecken konnte, standen ihm Tränen in den Augen.
Er setzte sich auf die Bettkante und betrachtete Elly. Was nun? Er atmete tief durch. Was, wenn sie schrie,

---

off runter
Leave me alone. Lasst mich in Ruhe.
let ... know ... wissen lassen
guilty schuldig
responsible verantwortlich
bound gebunden
else sonst

wenn er sie weckte? Oder ihn am Ende gar nicht wiedererkannte? Oder die Polizei rief?
She's my sister, dachte er, *she won't …*
Zögerlich streckte er die Hand nach Ellys Schulter aus, um sie zu wecken.
Da! Schritte auf dem Flur! Schnell sprang er auf, seine Hand fuhr in die Tasche und umfasste den Stein. Der Schatten verschluckte ihn wieder.
Seine Mutter betrat den Raum. Sicher hatte sie den Schein der Nachtischlampe unter der Tür gesehen. Sie ging geradewegs auf Ellys Bett zu, seufzte, schüttelte den Kopf und löschte das Licht.
"Damn! She nearly **caught** me!", fluchte Patrick. Er warf Fade einen bösen Blick zu, die neben ihm zufrieden kicherte.
Was jetzt? Er konnte den Stein nicht ohne Licht aus der Hand legen. Seine Mutter ließ die Tür einen Spalt offen, als sie wieder hinausging. Patrick sah, dass sie einen kleinen Rollkoffer in den Flur schob.
"Come on, Nora", sagte sie zu sich selbst. "Stop worrying. Your daughter is old and **sensible** enough for you to leave her on her own. Nothing bad will happen."
Sie fährt weg?, dachte Patrick. *Dann ist Elly also allein zu Hause. Das ist meine Chance.*
Fade und Push lungerten gelangweilt auf Ellys Couch herum.

---

caught hat erwischt
sensible vernünftig

“It’s **getting** late”, meinte Push gelassen.
“I know!”, erwiderte Patrick.
“Just **relax**. You’ve been away for eight years. **Another** day or two **isn’t going to matter**, **is it?**”
“Well ...”
“He’s right! Come on, let’s do something more fun.” Fade sprang auf, glitt zu Patrick und schubste ihn. “You’re it!”, rief sie und flitzte los.
Push stand abwartend neben ihm. “Let’s get her!”
Achselzuckend gab Patrick nach.

Als er in Deutschland angekommen war und hastig einen Blick auf die Uhr warf, dämmerte es bereits. Fast hätte er in seinem Bemühen, Fade zu finden und einzufangen, und über Pushs Aufforderung, eine allerletzte Runde um irgendeinen Marktplatz zu drehen, die Zeit vergessen. Keine Stunde, nachdem er zum zweiten Mal in dieser Nacht den Schattenstein aus seiner Hand gezerrt hatte und müde ins Bett gekrochen war, weckten ihn auch schon die ersten Sonnenstrahlen. Immerhin versprach der wolkenlose Himmel ihm heute echtes Schattengängerwetter.
Er würde Elly gleich heute Morgen, im Hellen, besuchen. Falls sie ihn nicht erkannte, ihm nicht glaubte oder gar

---

is getting wird
relax entspann dich
another noch ein
isn’t going to matter wird nichts ausmachen
is it? oder?

die Polizei rief, konnte er zurück in den Schatten. Er müsste es nur schaffen, zum Schulschluss wieder da zu sein. Falls sein Fehlen aufgefallen war, würde er behaupten, dass ihm schlecht geworden und er früher nach Hause gegangen war.

Er stand schnell auf, trank gegen die Müdigkeit ein Glas von Heikes Cola, die er im Kühlschrank entdeckte, und zog sich in Windeseile an. Dann deckte er für alle den Frühstückstisch, schmierte seine Brote und die für Lena und Gero gleich mit. Wenn er schwänzte, hatte er sechs Stunden Zeit – zwei hin und zwei zurück und zwei, um mit Elly zu sprechen. Das musste reichen. Er bemerkte, dass Heike erleichtert war, als er sich bei ihr entschuldigte und behauptete, er habe aus schlechtem Gewissen Frühstück gemacht.

Auch als der Schulbus kam, tat er alles Mögliche, um einen normalen Eindruck zu machen. Er riss Witzchen mit Gero und beschwerte sich über die fiesen Fragen der letzten Mathearbeit. Als sich Lena und er auf dem Schulhof trennten, winkte er ihr noch zu. Zu Gero sagte er, er müsse aufs Klo, rannte auf die Rückseite des Gebäudes und flüchtete unter das schattige Vordach der Turnhalle. Nervös tasteten seine Finger nach dem Schattenstein.

"Schnell", keuchte er. "Ich komme schnell wieder zurück. Ganz schnell."

Seine Hand zitterte, als er den Schattenstein hineinlegte. Der blaue Fleck wurde sofort wieder zu einer Vertiefung. Zähe Fäden griffen nach dem Stein, stülpten

sich kreuz und quer über ihn und wucherten in seine Haut. Er schloss die Augen, atmete hastig und umklammerte den Stein. Ein Gefühl grenzenloser Erleichterung durchströmte ihn. Der Stein schmiegte sich warm und samtig an seine Haut. Patrick vergaß die Schmerzen, die Vorwürfe, die Angst. Endlich hatte er die Dinge wieder im Griff.
"Back so soon?", freute sich Fade, die sofort neben ihm stand. Sie streckte ihm die Zunge heraus, hopste auf der Stelle und rief: "Catch me if you can." Dann stürmte sie los.
Er flitzte hinterher. Push stieß zu ihm und klopfte ihm auf die Schulter.
"The day is ours", rief er ihm zu. "Let's go!"

Kichernd kamen sie zum Stehen. Sie standen auf dem rechten Turm eines ehrwürdigen Museums. Die Aussicht auf die vielen Boote und all diese kleinen Kanäle war wunderschön. Die ganze Stadt schien ihnen zu Füßen zu liegen. Wie hießen diese Wasserwege hier noch mal? Grachten, oder? Dann waren sie in ... Amsterdam? Irgendwann auf dem Weg nach London war Fade nach rechts geflitzt und hatte ihm zugeschrien, dass er sie nie erwischen würde. Glücklich ließ Patrick seinen Blick schweifen. Wie schön es doch war, überall so schnell hinkommen zu können. In ein paar Stunden konnte er bei den Pyramiden sein, in einem halben Tag in Australien, auf der Pagode einer alten Tempelanlage in China oder dem ... Big Ben?

"You get faster and faster", meinte Push und drehte sich zu Fade um. "We should find Frost. He'll love racing against you."
"Frost?" Der Name brachte etwas in Patrick zum Klingen. Es hatte etwas mit ... wie hieß sie noch? ... Lena zu tun. Lena? Ihr Name verursachte etwas Unsicheres, Zerrendes, diesen Druck über dem Herz, ganz ähnlich wie das Gefühl, das in ihm aufgestiegen war, als er im Schatten des Küchenschranks verborgen seine Schwester und seine Mutter beobachtet hatte. Seine Schwester. Elly. Er hatte doch vorgehabt ... Schon entglitt ihm der Gedanke wieder.
Irgendetwas stimmte hier nicht. Nachzudenken war unglaublich anstrengend und die Fetzen seiner Überlegungen fühlten sich völlig zusammenhanglos an. Kopfüber stürzte er sich einen langen Schlagschatten hinunter, glitt über die Straße, huschte in eine der vielen Gassen, vergewisserte sich, dass niemand ihn beobachtete, und trat ins Licht.
Es brannte in seinen Augen und auch auf der Haut, aber sofort funktionierte sein Kopf wie gewohnt. Er erschrak. Amsterdam? Aber er war doch auf dem Weg zu Elly gewesen, weil er endlich mit ihr hatte reden wollen. Und wieso versuchte Frost, Lena in die Schatten zu locken? Es gab Hoffnung für sie, ihre Mutter konnte gesund werden. Patrick wusste irgendwie, dass sie nicht ins Dunkel gehörte. Er sah auf seine Hand. Ein dichtes Geflecht aus schwarzen Fäden hatte den Stein fast völlig überwuchert.

... sie tun doch Gutes.
Bist du sicher?
Patrick erinnerte sich daran, wie Push und Fade immer vor dem Licht flohen und sich in Kanäle stürzten, wenn die Sonne im Zenit stand.
Jäh drehte er sich zu ihnen um. Er hatte plötzlich einen entsetzlichen Verdacht.
"Can you come here, please?", fragte er und machte eine einladende Geste. "Into the light. You know who I am, but I only know your shadow **shapes**. I want to see your **real** faces."
"Erm ... we ...", meinte Push.
"We can't", sagte Fade vorwurfsvoll. "If the light **touches** us, we will disappear."
"Disappear?"
"Yes", sagte Push, als wäre das selbstverständlich. "We're just shadows."
"Will that happen to me too?", fragte Patrick.
Die Schattengänger wechselten einen raschen Blick.
"**Answer** me!"
Er schloss die Hand wieder um den Stein, griff ohne Vorwarnung ins Dunkle und zerrte mit der Schattenhand an Fades Arm.
"No! Let me go!", heulte sie auf.

---

shapes Gestalten
real echten
touches berührt
answer antwortet

"The answer is yes!", rief Push mit kieksender Stimme. "Yes! It will ... But Lost, we're your friends. We'll never **let** you **down** like adults do!"
"Who is this boy called Frost?", fragte Patrick tonlos. "What's he up to?"
Beide zuckten die Achseln.
"He went to see the girl he calls Lonely again. He **seems** to like her. That's all we know. And he wants you to stay, because you're a worthy rival for the race. He wants to run against you, to prove that he's the fastest. That's why he's our leader! He's the fastest, so we have to **obey** him."
Patrick trat zurück in den Schatten. Er riss sich unglaublich zusammen, um sich nicht auf dieses Gefühl von Gleichgültigkeit einzulassen, das ihn sofort durchströmte. In rasender Geschwindigkeit machte er sich auf den Weg nach Hause.

Frost hatte beschlossen, nach Lena zu sehen.
"Ich wette, sie ist noch einsamer ohne Lost und braucht Trost und Ablenkung", murmelte er vor sich hin und glitt mühelos durch die Finsternis auf der sonnenlosen Seite eines Elbdeichs und schließlich eine ganze Weile unter den Büschen und Bäumen an der Autobahn entlang.

---

let ... down ... im Stich lassen
seems scheint
obey gehorchen

Kurz vor der großen Stadt bog er nach links und erreichte schließlich den Ort mitten im Marschland. Er verlangsamte seine Schritte, wie jedes Mal, wenn er hier entlang kam. Lange konnte er nicht bleiben, bald war es Mittag und die Schatten würden kürzer.
Die Kreuzung war inzwischen asphaltiert, es gab Häuser in unmittelbarer Nähe. Genau hier hatte er vor gut zweihundert Jahren, als diese Gegend nur wenige Bewohner hatte, die falsche Abzweigung genommen, hatte sich schließlich an den Rand des Weges gehockt und zu weinen begonnen. Es war ein komisches Gefühl, sich vorzustellen, wie alles gekommen wäre, wenn die Schatten ihn nicht gefunden hätten. Wenn er, so wie Lena, die Einladung ins Dunkel ausgeschlagen und dort gewartet hätte ...
Hatte er die Hoffnung einfach zu früh aufgegeben?
Kurz hinter der Gabelung, der er sich jetzt näherte, hatte es auch früher einen Hof gegeben. Vielleicht hätte er weiterlaufen, dort klopfen sollen und warten, bis die Sonne aufging. Hätte es wirklich eine andere Lösung gegeben, als einfach in den Schatten zu verschwinden?
Frost schüttelte verwundert den Kopf. Seltsame Gedanken waren das. Vielleicht weil seine Geschichte ein wenig der von Lost ähnelte?

Lena stand mit dem Rücken zur Wand in der Mädchentoilette und schluchzte. Die Blätter für den Elternsprechtag waren ausgeteilt worden und sie hatte der Klassenlehrerin sagen müssen, dass ihre Mutter nicht kommen konnte und sie nicht wusste, ob Heike solche Termine wahrnahm oder vielleicht ihre Oma bis dahin hier sein würde. Frau Hofmeister hatte gesagt, dass sie ja gute Noten hätte und noch etwas Liebes, Verständnisvolles, um ihr Mut zu machen. Aber Lena hatte prompt wieder heulen müssen. Dann hatte sie in der großen Pause auch noch Gero auf dem Flur getroffen, der sie gefragt hatte, ob sie Patrick gesehen habe. Und schon wieder hatte sie angefangen zu weinen. Sie ahnte, wohin Patrick gegangen war.

Als Lena gerade nach etwas Papier griff, um sich das Gesicht abzutrocknen, lehnte plötzlich Frost an der gegenüberliegenden Wand im Schatten einer offenen Kabinentür. Sie sah, dass er lächelte.

"Hast du deinen Stein bei dir?"

"Ja", antwortete Lena.

"Dann sag mir, was dich aufhält. Es tut mir weh, dich weinen zu sehen. Du solltest nicht weinen müssen."

"Ich habe den Schatten in Patricks Handfläche gesehen", sagte Lena. "Der Stein dringt immer tiefer in seine Hand ein, als ob er sich mit ihm verbindet. Ich glaube, wenn ich zu dir komme, dann gibt es irgendwann kein Zurück mehr."

"Ja, das ist richtig."

"Dann warst du also auch einmal ein Kind und sehr traurig?" Lenas Stimme war voller Mitgefühl. "Wie hast du ausgesehen?"

"Ich war recht groß für mein Alter. Ich hatte braune Haare. Meine Augen waren blau."

"Und wie alt warst du?"
"Noch keine dreizehn Jahre. In meiner Zeit galt man in diesem Alter schon als so gut wie erwachsen. Manche Familien waren sehr arm und alle mussten schwer arbeiten, auch die kleinen Kinder. In den Minen, im Handwerk oder auf den Feldern. Das Leben war hart damals und es gab noch viele Schattengänger. Sehr viele."
"Warst du auch arm?"
"Nein. Wir besaßen ein großes Gut, ich hatte einen Hauslehrer, der mich Sprachen und Musik lehrte. Ich habe Geige gespielt. Doch als der Pfarrer meinen Eltern vorschlug, dass ich Musiker werden solle, wurde mein Vater böse. Das war nach der Christmette. Die Kirche lag vier Kilometer entfernt von unserem Gut und man fuhr mit einem Pferdegespann, wenn man eins hatte. Als ich mich also anschickte, in unseren Wagen zu steigen, riss mein Vater mir den Mantel von den Schultern und stieß mich zurück. Er sagte, ich solle laufen, damit ein Mann aus mir würde und keine fiedelnde Memme. Es war die kälteste Nacht des Winters. Ich lief und lief. Irgendwann war ich mir des Weges nicht mehr sicher und machte den Fehler, an einer Kreuzung stehen zu bleiben. Der Wind schnitt mir in Augen und Nase, jeder Atemzug schmerzte, meine Füße und Hände fühlten sich an wie abgestorben. Als ich weiterlaufen wollte, konnte ich mich kaum noch bewegen. Dennoch wäre ich wohl jämmerlich erfroren, wenn nicht die Schattengänger gekommen wären. Ich weinte, deshalb konnte

ich sie sehen, und sie warfen mir den Schattenstein zu. Ich hatte gerade noch genug Kraft, ihn zu ergreifen und die Hand zu schließen. Und im gleichen Moment waren die Schmerzen und die Kälte fort. Wir spielten und rannten. Es war wundervoll. Manchmal dachte ich an meine Mutter und dass ich einfach durch die Schatten hätte nach Hause laufen können. Aber ich hatte Angst vor meines Vaters Zorn. Ich erfuhr später, dass er auf dem Weg nur ein paar Meter hinter der ersten Kurve mit dem Wagen auf mich gewartet hat. Ich hatte mich schlicht verlaufen.

Ich habe im Schatten zugehört, wie er unserem Priester sagte, dass er nie vorhatte, mir etwas so Schlimmes anzutun, dass er mich nie den ganzen Weg wollte laufen lassen. Er fand, ich sei zu stolz, und wollte nur, dass ich nicht glaubte, ein so bequemes Leben, wie ich es führte, würde einem geschenkt. Ich war wirklich selbstsüchtig und stolz, ich habe erst durch die Schattengänger begriffen, dass manche Kinder in entsetzlichem Elend leben müssen. Doch als ich das erfuhr, konnte ich schon nicht mehr ins Licht zurück. Und wahrscheinlich wäre ich ohnehin ein Krüppel gewesen, denn alle Schmerzen und Wunden, alle Angst und Schwäche kehren im Licht zurück."

Lena nickte.

"Wenn ich zu dir komme, kann ich dann Patrick finden?"

"Ja. Dein Schattenstein kann dich zu ihm bringen, wenn du ihn darum bittest. Er kennt die Wege und

Orte, an denen du mit ihm gewesen bist, und er weiß, wo andere Schattengänger sind." Frost unterdrückte ein Lächeln.
"Okay", sagte Lena. "Dann komme ich mit." Sie umfasste den Stein fest und machte einen Schritt ins Dunkel.

"Sonnenhaus. Heike Heller, guten Morgen!", sagte Heike fröhlich in den Telefonhörer. Sie war erleichtert, weil Patrick sich an diesem Morgen benommen hatte wie immer. Doch als sie der Begrüßung des Gegenübers am Telefon lauschte, wurde ihre Miene ernst. Verblüfft erwiderte sie: "Good morning?"
Am anderen Ende war ein Inspector Nelson aus London. "You **received** an e-mail from Lena Warnke? Really? ... Well, yes, I'm the house mother of her group ... Patrick? – Yes, erm ... he lives here too. He was found all alone in a shopping centre near here. But that was eight years ago." Heike krauste die Stirn. "Yes", stimmte sie einer weiteren Frage des Polizisten zu, "he was wearing a green jacket."
Heike traute ihren Ohren kaum. Das war unglaublich. Der Beamte am anderen Ende sagte, dass die Schwester des Jungen bei ihm wäre – wenn er es denn sei. Und sie hätten anhand eines Fotos, das an der Mail gehangen habe, festgestellt, dass die Ähnlichkeit verblüffend sei. "He's talked about his big sister. Is her name Elly, perhaps? ... Yes? ... Well, this seems to be ..." Heike schluck-

---

received haben erhalten

te, "... no **coincidence** ... Yes, of course. I would like to talk to her very much."
"Hello? This is Elizabeth Gardner speaking", sagte nur einen Augenblick später die klare Stimme einer jungen Frau am anderen Ende der Leitung. Sie klang sehr sachlich. "My mother's on a **business trip** at the moment. That's why they asked me to come to the police station. But I'm still not **convinced** that the boy in the photo is ... my little brother. We've contacted Interpol to ask why the British police weren't **informed**." Die junge Frau räusperte sich.
Seltsamerweise wusste Heike sofort, dass sie mit ihrer Aufregung kämpfte. So gefasst klang Patrick auch, wenn etwas ihn aus dem Tritt zu bringen drohte.
"I can't see his eye colour in the photo."
"His eyes are **bright** blue. And he had a little **cut** above his ear when we found him. He said it happened while he was playing with his big sister."
Elizabeth Gardner schrie auf – "Yes!" – und fuhr mit gedämpfter Stimme fort: "We were playing hairdressers, the scissors slipped in my hand, and Mum **yelled at** me like she'd never done before. Oh my **God** ..." Sie sprach

---

coincidence Zufall
business trip Geschäftsreise
convinced überzeugt
informed informiert
bright leuchtend
cut Schnittwunde
yelled at ... hat ... angeschrien
God Gott

jetzt nicht mehr in den Hörer, offensichtlich hatte sie sich an den Officer gewandt. "I can't believe it ... **Hang on** – the inspector **is waving to** me. Just a second ..."
Im Hintergrund wurden einige schnelle Worte gewechselt, die Heike nicht verstehen konnte. Anscheinend hielt Elizabeth Gardner die Hand über den Hörer.
"Hello?"
"Yes?"
"Well ..." Die Frau machte eine Pause, als müsse sie sich sammeln. "Inspector Nelson says that he's received a **reply** from Interpol. They say that the German police did send them a fax about a lost child the day my brother disappeared, but it **describes** a **completely different** boy. Perhaps there was some kind of **mix-up,** or a computer **failure** ... We've got the real **data** now from the Hamburg police, and ... and it does look as if the boy they found was ... Patrick." Wieder räusperte sie sich. "I have to ask my mother if I can use her **credit card**. I must come and see him immediately. I'll try to take the next **flight** to Hamburg", versprach Elizabeth.

Hang on. Warten Sie.
is waving to ... winkt ... zu
reply Antwort
describes beschreibt
completely vollkommen
different anderen
mix-up Verwechslung
failure Fehler
data Daten
credit card Kreditkarte
flight Flug

Heike gab ihr die Adresse des Sonnenhofs. Elly verabschiedete sich mit vielen Dankeschöns und legte auf. Danach sah Heike lange aus dem Fenster. Jetzt, dachte sie, jetzt wird endlich alles gut.

Lena konzentrierte sich auf ihre Bewegungen, dennoch fühlte sie deutlich, wie dieses erleichternde taube Gefühl in ihr aufstieg. Wie Patrick hatte sie den Bogen bald heraus und flitzte mühelos hinter Frost her. Allein die Geschwindigkeit ließ ihr Herz höher schlagen – sie hatte es schon immer geliebt, zu rennen. Und das hier war einfach großartig!
Aber sie ließ sich nicht darauf ein, sie wiederholte immer die gleichen Gedanken. *Ich will Patrick finden, so schön es hier auch ist. Ich kann nicht hierbleiben. Mama braucht mich.*
"Nein, nein", lachte Frost, als sie zu ihm aufschloss und ihn überholen wollte. "So einfach wirst du es nicht haben! Ich bin immer noch der Schnellste hier."
"Das werden wir ja sehen", rief Lena. Sie stieß sich mit beiden Füßen von der Decke des Eisenbahntunnels ab, den sie gerade erreicht hatten, und katapultierte sich so tatsächlich vor Frost. Doch auch der beschleunigte, so dass sie bald Kopf an Kopf nebeneinander herglitten. Plötzlich waren Stimmen zu hören und etwas zog mit einem leisen Rauschen an ihnen vorbei.
"Stop!", rief Frost. "We came to play with you."
Die drei Schattengänger, die an ihnen vorbeigezogen waren, machten lachend wieder kehrt.

"Hello, Fade, hello, Push", begrüßte Frost die anderen. "And you must be Lost. Nice **to meet** you. May I **introduce** my new friend, Lonely? She's a very good **runner**."
"How **exciting**!" freute sich Fade. "That'll be fun! Frost has told us about you, Lonely."
"Really?"
"Oh, only nice things."
Lena beugte sich hinunter und zu Fade vor und lächelte die Kleinere freundlich an.
"You were really fast when you **passed** us **just now**", sagte Fade.
Lena nickte. "I'm the fastest girl in my school. **Even** when I'm running in the light."
"Really?", hauchte Fade. "I'd love to see you run!"
"I've seen her already. It's true", sagte Patrick. Es klang nicht entsetzt, aber da war etwas Kühles in seiner Stimme, das Lena aus der realen Welt kannte. Er war aufgeregt.
"So you're a **professional** runner?", fragte Frost lachend. "I didn't know that. We three should run a **proper** race, against each other. What do you say?"

---

to meet kennenzulernen
introduce vorstellen
runner Läuferin
exciting aufregend
passed überholt hast
just now gerade eben
even selbst
professional professionelle
proper anständiges

"What are you doing here?", flüsterte Patrick Lena zu, während Fade und Push über den bevorstehenden Wettkampf jubelten. "I think this is ... not a good idea."
"Doch, das ist es!", sagte Lena. "Ich wollte, dass du im Licht bleibst ... aber jetzt finde ich es einfach nur schön hier. Warum hast du mir nicht gesagt, dass die Schattengänger Rennen austragen? Ich will gegen dich und Frost antreten."
"But ...", stammelte Patrick verblüfft.
"Frost sagt, er ist der Schnellste. Was glaubst du? Lass es uns herausfinden. Ich bin sicher, dass ich ihn schlagen werde. Bist du dabei?"
Sofort begann Fade noch aufgeregter auf der Stelle zu hopsen. Auf Pushs grauem Gesicht lag ein breites Lächeln. Patrick musterte den hoch aufgeschossenen Jungen hinter Lena und innerhalb weniger Sekunden hatte er seine Bedenken vergessen.
"Do you really believe that you're faster than me, Frost? And, Lena – you might beat me in daylight, but in the shadows ... never!"
Nur Augenblicke später standen die drei nebeneinander auf der weißen Stop-Markierung einer großen Kreuzung. Fade kaute aufgeregt an ihrem Daumen und Push bemühte sich sichtlich, die Ruhe zu bewahren. Sie waren schon bei etlichen solcher Rennen dabei gewesen, aber diesmal hatten Frosts Gegner eine echte Chance zu gewinnen.
Lena umklammerte ihren Schattenstein, so fest sie konnte, kniete sich auf den Streifen und nahm dieselbe

Haltung ein wie sonst am Startblock. Sie musste von vornherein die Führung übernehmen, wenn ihr Plan aufgehen sollte. Leise flüsterte sie dem Schattenstein etwas zu, öffnete verstohlen die Hand, um zu sehen, in welche Richtung er sich drehte, und hielt ihre Augen fest auf die langen Schatten des Parks neben der Straße gerichtet. Patrick neben ihr lehnte sich vor und auch Frost nahm eine angespannte Haltung an.

"Ready?", fragte Fade und sprang aufgeregt hinter ihnen auf und ab. "Three, two, one – GO!"

Schon schoss Lena vor. Die Wettbewerbe, die sie auf dem Sportplatz bestritten hatte, waren nichts gegen das, was sie jetzt vorhatte. Sie konnte die beiden Jungen hinter sich spüren, als sie die Straße entlangglitt.

Es war eine Kunst, das Schritttempo stetig zu erhöhen und gleichmäßig zu laufen, ganz gleich, ob man sich in eine Kurve legte oder von einem Gegner an den äußersten Rand der Bahn gedrängt wurde.

Es ging auf Mittag zu, die Schatten wurden schmaler und schmaler, je höher die Sonne stieg. Sie erreichten ein Bauerndorf. Der Schattenstein zeigte an einer Häuserwand empor. Um ein Haar holte Patrick Lena hier ein; er hatte mehr Übung darin, in alle Richtungen zu gleiten. Doch Lena legte sich elegant in die Kurve nach oben und es gelang ihr, das Tempo zu halten. Sie schoss von der Dachrinne des letzten Gebäudes in die Schatten eines Waldrandes. Nun machte Frost Boden gut, der sich behände auf der sonnenabgewandten Seite des Waldes bewegte. Lena flitzte zwischen den Bäumen entlang, sprang tänzerisch über die Reflexe des Sonnenlichts hinweg, die durch das Blätterdach fielen, und konnte, als der Wald dichter wurde, über Kilometer hinweg rasend schnell über den Waldboden gleiten. Behalt die Führung, sagte sie sich immer wieder, dann müssen sie dir folgen. Nur abhängen durfte sie die beiden nicht, dann hatte sie gewonnen und das war nicht der Sinn der Sache.

Der Schattenstein wies in westliche Richtung. Es war nicht mehr weit. Schon wenige Minuten später rasten die Kinder in eine Ortschaft und in deren Häuserschatten weiter, bis das gelbe Schild *Hamburg* an ihnen vorbeiflog.

In der Stadt war es noch leichter. Die Häuser waren hoch und standen eng nebeneinander, die Schatten lagen lang und ohne Unterbrechungen vor ihnen. Rechts, links, eine Weile geradeaus, Lena erkannte im Vorbeihuschen die breite Straße, die zu ihrer Schule führte. Sie drehte ab, fegte über den Sportplatz und blieb stehen.

Da war Patrick! Sie hielt den Schattenstein mit der Rechten umklammert, sprang ohne Vorwarnung ins Licht und packte, als er vorbeizog, Patricks Arm mit der linken. Der Schwung riss beide von den Füßen und Patrick aus dem Schatten. Lena sah noch, wie Frost vorbeizischte, hörte Patrick keuchen und fand sich neben ihm auf dem Boden des Sportplatzes wieder.

Sie lagen im gleißenden Sonnenlicht. Noch immer hielt sie Patricks Handgelenk fest umklammert. Tränen

waren in seine hellen Augen geschossen. Schwarze Fäden zogen sich fest um seine Hand und hielten sie zu einer Faust geballt.
"Oh my God!" Entsetzt starrte Patrick seine Hand an. Sie zitterte, schmerzte, er konnte sie kaum bewegen. Die schwarzen Schattenfesseln breiteten sich unaufhaltsam aus. Sie krochen seinen Unterarm empor und alles, was sie berührten, wandelte sich in den gleichen Fäden ziehenden Dunst.
"Look", keuchte er panisch. "It's changing me!"
"Nein!" sagte Lena fest. "Mach die Hand auf!"
"I can't!", rief Patrick. Er streckte den freien Arm nach dem Schatten aus, den die Tribüne warf. "I have to go back! If it **covers** me, I'**ll vanish**! I have to go back into the shadows!"
Lena umklammerte weiter sein Handgelenk. Er wehrte sich verzweifelt.
"Versuch es, Patrick! Bitte!"
Er fuhr herum und warf ihr einen verzweifelten Blick zu.
"Wozu?", fragte er matt. "Hier tut alles nur weh!"
"Weil du mich nicht allein lassen kannst! Und was ist mit deiner Schwester? Soll sie weiter glauben, dass du tot bist? Und deine Mutter?"
Patrick starrte seine Hand an und die schwarzen Fäden, die sich um sein Handgelenk und den Arm schlängelten. Sie hatten nun schon seine Schulter erreicht, die ersten

---

covers bedeckt
will vanish werde verschwinden

Fäden waren jetzt an Hals und Brust. Er griff mit der anderen Hand danach und bekam einige zu fassen. Der Schmerz, als er daran zog, war unglaublich – als schneide er sich an straff gespannten Metallsaiten. Patrick biss die Zähne zusammen und zerrte weiter an den Fäden, bis sie endlich mit einem hohen Sirren nachgaben und zerrissen.
Mühsam öffnete er die Hand.
Die Innenseite bestand nur noch aus schwarzem, zähem Geflecht, in dessen Mitte der Schattenstein tief eingesponnen war.
Lena ließ sein Handgelenk los.
"Ich reiße ihn raus! Guck besser weg."
Patrick nickte und hielt den Atem an. Lena zerrte an den Fäden über dem Stein, riss sie heraus und bekam endlich den Schattenstein zu fassen. Als sie ihn leicht nach oben zog, spürte sie, dass die Fäden erbitterten Widerstand leisteten.
"God, it hurts so much!", brachte Patrick hervor. Doch für Trost oder Mitleid war jetzt die falsche Zeit.
"Zieh die Hand von mir weg, wenn ich *jetzt* sage!", verlangte Lena. Dann umfasste sie den Stein mit allen fünf Fingern, rief: "Eins, zwei, drei – JETZT!" und zerrte ihn ruckartig nach oben.
Patrick nahm all seinen Mut zusammen und riss den Arm von ihr fort.
Der Schmerz war unerträglich. Beinahe hätte er zu lächeln begonnen, denn für einen Augenblick wurde es wieder dunkel und still um ihn. Doch der rasende

Schmerz in seiner Handfläche holte ihn sofort in die Wirklichkeit zurück.
“Ich hab ihn”, keuchte Lena. Noch bevor Patrick etwas sagen konnte, holte sie aus und schleuderte den Stein auf die gegenüberliegende Seite des Stadions in den letzten Schatten unter der Tribüne, zog ihren Stein aus der Jackentasche und warf ihn hinterher. Ein Schluchzen stieg in ihre Kehle, doch diesmal war es pure Erleichterung. Durch den Schleier ihrer Tränen sah sie, wie Frost sich nach dem Stein bückte und ihn an sich nahm.
“Wir gehören nicht zu euch”, versuchte Lena zu erklären. Eine Weile sah Frost abwechselnd den Stein und Lena an, dann lachte er leise und nickte ihnen zu.
“Lebe wohl”, flüsterte er noch, lächelte und winkte.
Lena winkte zurück, doch schon im nächsten Moment war er verschwunden.
Sie drehte sich zu Patrick um. Die schwarzen Fäden in seiner Hand lösten sich in hauchfeinen Dunst auf. Sein Arm und Handrücken gewannen ihre natürliche Farbe zurück. Sie kniete sich neben ihn.
“Geht's?”
“Es tut grausam weh ...”, flüsterte Patrick. Urplötzlich fiel er ihr um den Hals. “Danke!”
“Schon okay”, meinte Lena und legte erleichtert die Arme um ihn.
Der Schulgong tönte über den Platz. Die sechste Stunde war vorbei.
“Kannst du aufstehen? Wir müssen los. Sonst kriegen wir gleich wieder Schelte.”

Wenige Minuten später tauchten sie in den Strom der Kinder ein, die, so wie sie, einfach nur nach Hause wollten.

Into the Light

Sie saßen nebeneinander im Bus und sagten kein Wort. Auch als sie in der hellen Mittagssonne die Straße entlanggingen, schwiegen beide. Doch unwillkürlich wichen sie jedem Schatten auf dem Pflaster aus.

"Warum hast du das getan?", fragte Patrick endlich. "Wenn du doch wusstest, dass es gefährlich ist."

"Meine Mutter", sagte Lena, "stirbt vielleicht. Und dagegen kann ich nichts machen. Aber bei dir ... wollte ich es wenigstens versuchen."

"Ich fühle mich, als wäre ich aus einem bösen Traum aufgewacht", sagte Patrick. "Ich wusste die ganze Zeit, dass es falsch ist, was ich da tue, aber ich konnte nicht mehr aushalten, dass sie glauben, dass ich nicht mehr da bin, obwohl ich es doch bin. Verstehst du?"

Lena lächelte und zum ersten Mal war dabei kein Schmerz in ihren Augen.

"Aber ich weiß, dass du da bist! Und ich bin froh drüber", sagte sie.

"Ja", meinte Patrick. "Ich auch."

Sie bogen um die Ecke und sahen verwundert die Straße hinauf.

Heike stand am Tor und neben ihr eine junge, schlanke Frau in einem hellen Sommermantel.

Patrick blieb wie angewurzelt stehen.

"It can't be", stotterte er.

"Wer ist das?", fragte Lena verwundert.

"Elly", flüsterte Patrick. Und dann schrie er aus vollem Hals: "ELLY!"
Die junge Frau schlug sich eine Hand vor den Mund und rannte ihm entgegen. Patrick spurtete los und Sekunden später standen sie voreinander.
"I told you!", schimpfte Elly. "You should have known better! I told you you'd get lost! Didn't I?"
"Yes, you did. You did. I'm so sorry", sagte Patrick.
Elly legte Patrick eine Hand auf die Schulter und zog ihn an sich.
"You stupid boy", sagte sie kühl, aber Patrick blickte zu ihr auf und sah, dass ihre Augen glänzten vor Tränen.
"Oh God, no – I don't want to cry ... It always seems to me that crying just makes everything seem **even** darker ..."
"What a clever sister I have", murmelte Patrick und Elly drückte ihn so fest an sich, als wolle sie ihn nie wieder loslassen.
"Crybaby!", flüsterte er.
Sie nickte und beide mussten ein bisschen lachen.
Heike wischte sich über die Augen. Tränen liefen ihr übers Gesicht.
Lena trat zu ihr.
"Ein Bild für deine Oma, oder wie war das?"
"Tut mir leid ..."
"Nein", meinte Heike und lachte die letzten Tränen fort. "Das hast du wirklich gut gemacht!"

---

even noch

Die ersten Wochen zu Hause waren merkwürdig. Es war alles fremd für ihn und gleichzeitig seltsam vertraut. Jeden Morgen, wenn er aufwachte, war er froh, dass er nicht geträumt hatte, und gleichzeitig ein bisschen traurig, weil die Kinder des Sonnenhauses nicht da waren.

Als er zum ersten Mal zur Schule musste, traf er seinen alten Freund Danny wieder, der ihn mit tausend neugierigen Fragen bestürmte. Danny selbst erzählte, dass er einen gemeinsamen Spielkameraden – "Do you remember Gerald Leicester, the **skinny** boy with the **buck teeth**?" – damals verhauen hatte, weil der die Klappe aufgerissen und behauptet hatte, dass Patrick nie wiederkäme.

"Well, and I was right! You're back. And he **earned himself** a **black eye**!"

Gerührt knuffte Patrick Danny an die Schulter. Doch am nächsten Tag redeten sie schon über Fußball, ließen sich gegenseitig Hausaufgaben abschreiben, und natürlich besuchten sie sich und zockten an Ellys X-Box, bis es ihnen vor den Augen flimmerte. Diesen plötzlichen Luxus genoss Patrick, aber er dachte oft daran, wie es wohl den anderen im Sonnenhaus gehen mochte. Er checkte jeden Tag seine Mails, um zu sehen, ob sie ihm schrieben.

---

skinny mageren
buck teeth vorstehenden Zähnen
earned himself hat sich verdient
black eye blaues Auge

Damit war er auch beschäftigt, als Danny an einem Samstag bei ihm vorbeischaute. Er öffnete gerade den Anhang einer Mail von Lena, noch bevor er ihre Nachricht gelesen hatte. Es war ein Foto von ihr. Sie war augenscheinlich dabei, ihre Sachen zu packen, und strahlte denjenigen, der sie fotografierte, über das ganze Gesicht an.
"Who's that?", fragte Danny, schaute ihm über die Schulter und fügte hinzu: "She's quite pretty."
"Yes, she is. But more importantly, she's also very clever", sagte er. "Her name is Lena."

Dear Patrick, schrieb Lena.
Heike told me I should write to you in English to ***improve*** *my* ***vocabulary.***
I have some amazing ***news****! My mum* ***woke up****, and she'll be able to leave hospital in a few weeks. And my grandmother has come to stay with me until Mum gets home. She's going to* ***make a*** *complete* ***recovery****! I'm so* ***relieved****! But I have more good news. Your mum e-mailed me and* ***offered*** *to pay for me to come and* ***visit*** *you in London. She says that you miss me. Well, I'd love to come!*

---

improve verbessern
vocabulary Wortschatz
news Nachrichten
woke up ist aufgewacht
make a recovery sich erholen
relieved erleichtert
offered hat angeboten
visit besuchen

*I'm sure my mum will let me. I told her all about what we'**d been through** together (well, I didn't tell her everything :-)). She still can't talk very much, because the* ***painkillers*** *make her dizzy, but she smiled and* ***nodded****. Perhaps we should wait a bit longer, until she's really well again, but I'****m looking forward to*** *seeing you soon.*
Until then – ***keep*** *out of the shadows ...*
Love from
Lena

Befremdet legte Danny den Kopf schief.
"Keep out of the shadows? And what the heck does she mean, 'what we'd been through together'?"
"Well", sagte Patrick und drehte sich mit einem Grinsen zu Danny um. "The truth is ... **it's none of your business.**"
Danny stieß ihm den Ellbogen in die Seite.
Patrick lachte glücklich. Und auf dem Weg zum Fußballplatz machte er tatsächlich einen großen Bogen um die langen Schatten der Häuser.

---

had been through durchgemacht hatten
painkillers Schmerzmittel
nodded hat genickt
am looking forward to freue mich darauf
keep bleib
It's none of your business. Das geht dich nichts an.